Dirk Albrodt ❖ Brigitte Glowsky

Blütenessenzen in der Schwangerschaft

Dirk Albrodt ❖ Brigitte Glowsky

Blütenessenzen in der Schwangerschaft

Wohltuende Wirkung für mich und mein Baby

Kösel

Dieses Buch kann medizinischen Rat nicht ersetzen. Falls Sie ernsthafte gesundheitliche Probleme haben, sollten Sie sich mit Hebamme, Heilpraktiker oder Arzt in Verbindung setzen. Autoren und Verlag übernehmen keine Haftung.

ISBN 3-466-34384-4

Druck und Bindung: Kösel, Kempten.
Fotos: Volkmar Niemeyer, Wuppertal, (Quitte)
und Erika Goyert-Johann, Remscheid, (alle anderen Blüten).
Zeichnungen: Dagmar Kuschetz, Tobelbad.
Umschlaggestaltung: Elisabeth Petersen, München.
Umschlagmotive: Image Bank/A Serra, München, (Frau)
und Mauritius Bildagentur, Mittenwald, (Blume).

1 2 3 4 5 · 02 01 00 99 98

Inhalt

1 Über Blütenessenzen ... 7
Die Herstellung ... 8
Haltbarkeit und Aufbewahrung ... 10
Die Einnahme ... 10
Auswahl der passenden Blüten ... 12
Wie Blütenessenzen wirken ... 17

2 Blütenessenzen für Schwangerschaft und Geburt ... 22
Schwangerschaft ist keine Krankheit und Geburt ein natürlicher Prozess ... 26
Die Qualitäten und Einsatzmöglichkeiten der Blütenessenzen ... 36

3 Blütenöle und Blütencremes ... 119
Blütenöle ... 119
Wie Blütenöle wirken ... 121
Blütencremes ... 121
Babycreme ... 122
Aufbewahrung von Blütenölen und Blütencremes ... 124

4 Blütenbäder ... 125

5 Blütenessenzen und ätherische Öle ... 127

6 Selbstbehandlung mit Blütenessenzen ... 129

7 Repertorium ... 142

Anhang

Übersicht über die Blütenqualitäten in Stichworten 158

Übersicht über die Blütenindikationen – Kurzbeschreibungen. . . . 160

Kurzübersicht der Anwendungsformen 162

Adressen 163

Literatur 164

Dank 167

1

Über Blütenessenzen

Jede Pflanze erfüllt auf dieser Welt eine eigene, ganz besondere Aufgabe. Einige dienen als Nahrungsmittel, andere der Herstellung von Bekleidung, wieder andere der von Arzneimitteln. Es gibt welche, die dienen Tieren als Nahrung, und solche, die die Fruchtbarkeit des Bodens verbessern. Uns Freunden von Blütenessenzen liegen aber andere Aspekte der Pflanzen am Herzen, jene, die durch ihre Blüte ausgedrückt werden.

Blumen begleiten uns durch unser ganzes Leben, und es gibt in jedem Menschen ein gemeinsames, unbewusstes, archetypisches Wissen, welche Blume welchem Aspekt des menschlichen Lebens angemessen erscheint. Wir schenken Kranken andere Blumen als frisch Verliebten und diesen wieder andere als jenen, denen wir unser Beileid ausdrücken wollen. Wir benutzen die Sprache der Blumen und Blüten zur Übermittlung bestimmter Informationen. Dabei handelt es sich stets um gefühlsmäßige Informationen, nicht um rationale. Wir hoffen und wünschen, dass die Adressaten unserer Blumengeschenke es verstehen, wenn wir Blüten unsere Gefühle mitteilen lassen. Wir wollen trösten und Mut machen, Lebensfreude und Zuneigung ausdrücken, und wenn uns dies gelingt, reagiert die oder der Beschenkte mit einem Lächeln, einer Geste, einem freundlichen Wort, kurz: einer Stimmungsaufhellung.

Für uns ist eine solche Stimmungsaufhellung eine der elementaren Voraussetzungen für Heilung. Jede Blüte spricht besondere Stimmungen an – unbewusst weiß dies ein jeder von uns. Stimmungen und Gemütsverfassungen zu erkennen, auf die Blüten einwirken können, haben wir uns zur Aufgabe gemacht, und es geht uns darum, die Blütensprache jedem verständlich zu machen.

Wir sind der Überzeugung, dass in jeder Blüte eine verborgene, stimmungsaufhellende Kraft steckt, die sich am besten in einer ökologisch gesunden Umgebung ohne schädliche menschliche Eingriffe entfalten kann. Jede gesunde Pflanze hat ihre ganz eigene Blütezeit, während der ihre Kraft am größten ist. Natürlich ist es auch möglich, in Treibhäusern Blumen mitten im Winter zum Blühen zu bringen – wir bezweifeln allerdings, ob ihnen eine vergleichbare Kraft innewohnt.

Blütenessenzen sind haltbar gemachte Blütenenergie, nicht vergleichbar mit Pflanzensäften oder Tees, sondern ein feinstoffliches Phänomen, das sich bisher jeder physikalischen Messbarkeit entzogen hat – ganz ähnlich wie menschliche Gefühle, für deren Einschätzung zwar auch »Stresstabellen« und Ähnliches existieren, die eine Bewertung zwar erleichtern können, aber niemals eine Genauigkeit erreichen wie zum Beispiel eine Geschwindigkeits- oder Temperaturmessung. Es existieren verschiedene Erklärungsmodelle für die Wirksamkeit der Essenzen, in denen von Energie, Schwingung, Heilqualitäten die Rede ist, was aber nicht darüber hinwegtäuschen kann, dass es im wissenschaftlichen Sinne über Blütenenergie genauso wenig Erhellendes zu berichten gibt wie über menschliche Gefühle. Manche Phänomene entziehen sich der Messbarkeit, ohne allerdings dadurch ihren Wert zu verlieren.

Für uns nun stellen Blütenessenzen den Versuch dar, diese unmessbare, aber spürbare Kraft der Blüten zu extrahieren und haltbar zu machen. Wir wollen dabei keine Treibhausblütensurrogate, sondern gesunde und natürliche Blüten verwenden. Heute gibt es sehr viele unterschiedliche Methoden, Blütenessenzen herzustellen. Die einfachste besteht darin, die Blüten einer bestimmten Pflanze zum Zeitpunkt ihrer größtmöglichen Kraft zu pflücken und in einem Glasschüsselchen mit Wasser so lange der Sonne auszusetzen, bis sie darin zu welken beginnen. In dieser Zeit nimmt das Wasser die Energie der Blüte auf, so dass wir nach dessen Konservierung mit Alkohol einem Leidenden zum Beispiel auch im Winter die Lebenskraft blühender Pflanzen zuteil werden lassen können.

Die Herstellung

Grundsätzlich ist wohl jeder Mensch in der Lage, Blütenessenzen selbst herzustellen, und wir empfehlen allen Freunden und Anwendern von Blütenenergien, dies einmal tatsächlich zu tun, da es den Zugang zu dieser Behandlungsform erleichtert und selbst Erlebtes immer eindrucksvoller ist als aus zweiter Hand Erfahrenes. Es bedarf dazu nicht viel: Als Handwerkszeug dienen ein Glasschälchen mit einem Volumen von etwa 250 ml, wie es als Dessertschälchen wohl in jedem Haushalt zu finden ist, Bindfaden, Trichter und eine verschließbare braune oder grüne Flasche, da die fertige Essenz nicht mehr dem Sonnenlicht ausgesetzt werden sollte.

So ausgerüstet wartet man auf einen wirklich schönen, sonnigen Tag mit klarem Himmel und begibt sich zu der bevorzugten Pflanze, zu der man auf meditative oder ähnliche Weise bereits zuvor Kontakt aufgenommen hat. Auch wenn es sich für manch einen Leser fremd anhören mag, eigenes Verhalten spiegelt sich in der Umgebung, und man kann sagen, dass eigene Freundlichkeit auch andere freundlich stimmt. Und eine respektvoll behandelte Pflanze als eigene Persönlichkeit wird weit bereitwilliger ihre Energie zur Verfügung stellen als eine achtlos ausgerupfte. Essenzenherstellung kann durchaus als spirituelle Handlung angesehen werden, weshalb auch manche, die dies nicht ernst nehmen, leider auch weniger wirkungsvolle Essenzen gewinnen. Bitte die Pflanze wie einen guten Freund, und sie wird deine Freundschaft erwidern.

Dann füllt man das Schälchen mit reinem Quellwasser und stellt es ganz in der Nähe der Pflanze auf, so dass man deren Blütenköpfe umbiegen kann, damit sie in das Schälchen reichen, ohne dabei verletzt zu werden. Das Arrangement wird anschließend mit Hilfe von Bindfäden so fixiert, dass es für die nächsten Stunden stabil bleibt, wobei darauf zu achten ist, dass die Sonneneinstrahlung auch bei Wanderung der Sonne am Himmel immer das Schälchen trifft. Darauf entfernt man sich für einige Zeit – das Wasser soll ja die Schwingung der Pflanze und nicht die eigene aufnehmen –, um später am Tage zurückzukehren und zu beurteilen, ob die Essenz schon fertig ist. Dies erkennt man an feinen Bläschen an Boden und Rand des Schälchens und rund um die eingetauchten Blütenköpfe. Die Wasseroberfläche erscheint einem ein wenig silbrig und ist nach oben gewölbt statt wie normal nach innen. Man löst dann die Knoten der fixierenden Bindfäden und richtet die Pflanze wieder auf, und auch ein Dankeschön kann an dieser Stelle keinesfalls schaden, auch wenn es ungewohnt erscheint, mit einer Pflanze zu sprechen. Das energiegeladene Wasser gibt man in die Flasche aus braunem oder grünem Glas, gießt noch einmal die gleiche Menge hochprozentigen Cognacs hinzu und hat so eine eigene »Mutteressenz« gewonnen.

Die Mutteressenz selbst wird jedoch nicht zur Behandlung verwendet, sondern bildet den Ausgangsstoff für Verdünnungsschritte. Im Handel erhältlich sind üblicherweise die so genannten Stock Bottle, auf Deutsch: Vorratsfläschchen. In einer Stock Bottle, die in der Regel in Größen zwischen 10 und 30 ml zu haben ist, befinden sich neben hochprozentigem Alkohol, meist wieder Cognac, ganze zwei Tropfen der Mutteressenz, und das unabhängig von der Flaschengröße. Entscheidend ist das Einbringen der Energie, was mitunter auch als Imprägnierung bezeichnet wird. Ist dieses einmal geschehen, wird der Inhalt der Stock Bottle zum Energieträger. Die Schwingung wird weder erhöht noch verändert, wenn man mehr vom Ausgangsstoff hineingibt.

Wie der Name Stock Bottle bereits andeutet, wird allgemein auch deren Inhalt nicht direkt verwendet, sondern noch einmal für ein Einnahmefläschchen weiter verdünnt. Üblich sind dafür 30-ml-Fläschchen mit Pipetteneinsatz, die zwei Tropfen aus der Stock Bottle enthalten und zu 3/4 mit Quell- oder stillem Mineralwasser (auch einwandfreies Leitungswasser ist geeignet) und weiter mit Cognac zur Konservierung aufgefüllt werden.

Haltbarkeit und Aufbewahrung

Da im Bach Centre in Mount Vernon (England) noch Blütenessenzen vorhanden sind, die von Dr. Edward Bach selbst in den dreißiger Jahren unseres Jahrhunderts hergestellt wurden und deren Qualität bis heute nicht gelitten hat, kann man die Haltbarkeitsdauer nicht mit Bestimmtheit angeben. Sorgfältig hergestellte, qualitativ hochwertige Blütenessenzen müssen ohne besondere Konservierung – außer der alkoholischen – mindestens zehn Jahre haltbar sein, sind es aber in der Regel wesentlich länger. Voraussetzung dafür ist eine ordnungsgemäße Lagerung. Blütenessenzen vertragen Kälte sehr gut, Hitze dagegen weniger. Sie sollten keineswegs stärker als bis 50 °C erwärmt werden (während Reisen in den Süden daher nicht im Auto liegen lassen). Außerdem sollten sie keinen elektromagnetischen Feldern ausgesetzt werden, da diese ihre Qualität beeinträchtigen können (Aufbewahrung der Blütenfläschchen mit einem Mindestabstand von einem Meter zu Telefon, Computer, Fernsehgerät, Stereoanlage, Sicherungskasten, Kühlschrank usw.). Weitere Vorkehrungen sind nicht zu treffen, so dass nichts gegen den guten alten Küchenschrank oder die Nachtkonsole als Aufbewahrungsort spricht.

Die Einnahme

Einnahmefläschchen mit 30-ml-Größe wurden ursprünglich von Dr. Edward Bach eingeführt, da sie bei einer üblichen Einnahmefrequenz von viermal täglich vier Tropfen ungefähr vier Wochen lang vorhalten. Diese vier Tropfen werden direkt aus der Pipette auf oder unter die Zunge gegeben und eine Weile dort behalten, bevor sie geschluckt werden. Auf einen gewissen zeitlichen Abstand zu den Mahlzeiten sollte geachtet werden.

Bei Alkoholunverträglichkeit kann das Konservierungsmittel Cognac durch Obstessig oder vegetabiles Glyzerin (erhältlich überall dort, wo es Blütenessenzen gibt) ersetzt werden. Eine weitere Möglichkeit, dieses Problem zu umgehen, besteht in der Verwendung kleinerer Einnahmefläschchen, bei denen unter Umständen ganz auf die Konservierung verzichtet werden kann.

Generell können alle Blütenessenzen miteinander kombiniert werden, und üblicherweise werden sie dies auch, um den Gefühlszustand, der gefördert werden soll, möglichst genau erfassen zu können. Dabei sollte allerdings eine Obergrenze von maximal sechs verschiedenen Blütenessenzen beachtet werden. Zuweilen ist es schwierig, hier zu einer Entscheidung zu kommen, da man vielleicht der Meinung ist, es träfen mehr als sechs Blütenqualitäten auf einen persönlich zu. Dennoch sollte man unbedingt diese Obergrenze einhalten, da es sich in einer wissenschaftlichen Untersuchung (vgl. M. Weisglas, siehe Seite 166) herausgestellt hat, dass ein Mehr an Einzelessenzen deren Wirkung eher beeinträchtigt als fördert. Die Auswahl der Blütenessenzen sollte dann unter Berücksichtigung ihrer Aktualität neu getroffen werden, d.h., man verzichtet zum Beispiel auf eine Mut machende Blüte, wenn man zwar häufig ängstlich ist, dies aber im Augenblick nicht im Vordergrund steht.

Die Wasserglasmethode

Hierbei handelt es sich sicher um die am seltensten eingesetzte Form der Blütenbehandlung. Man gibt dazu von jeder ausgewählten Blütenessenz zwei Tropfen in ein Glas Wasser, das über einen gewissen Zeitraum, meist einen Tag, schlückchenweise getrunken wird. Empfehlenswert ist diese Form der Anwendung besonders während der Geburt, wenn Zeit und Gelegenheit zu aufwendigen Testverfahren oder tiefreichenden Gesprächen nicht vorhanden sind. Meist wird hier die fertige Blütenmischung »Blütenhilfe« gewählt, die krisenvorbeugend und -abmildernd wirkt und von der Frau nach Bedarf eingenommen werden kann.

Andere Anwendungen

Neben der üblichen und mittlerweile seit Jahrzehnten bekannten inneren Anwendung hat es sich in den vergangenen Jahren der Erforschung der Wirkung der Blütenessenzen in der Geburtsvorbereitung erwiesen, dass die äußere Anwendung in vielen Fällen empfehlenswert ist. Allgemein gilt hier der Grundsatz, dass – richtig eingesetzt – die äußerliche Behandlung stets schneller wirkt als die Einnahme, die Wirkung dagegen kürzer anhält, weswegen die Anwendung häufiger wiederholt werden muss. Die verschiedenen Anwendungen sind in den Abschnitten über Bäder und Massagen beschrieben (siehe Seite 125 f. und 119 ff.).

Auswahl der passenden Blüten

Die Auswahl der Blütenessenzen geschieht am besten durch ein offen geführtes Gespräch. Oft stellt gerade das vertrauensvolle Zuhörenkönnen zum Beispiel einer Blütenberaterin den geeignetsten Beginn einer Behandlung dar, denn wenn es einem ermöglicht wird, sich das Leid von der Seele reden zu können, hat dies nicht nur befreiende Wirkung, sondern gibt der geschulten Beraterin auch wichtige Hinweise auf geeignete Essenzen. Es gibt viele gut ausgebildete Blütenfachleute, Hebammen, Heilpraktiker, Geburtsvorbereiterinnen, auch manche Ärzte, die man aufsuchen kann, wenn man selbst nicht weiterweiß.

Natürlich kann man die geeigneten Blütenessenzen auch selbst auswählen. Zu beachten ist dabei aber die stets irgendwo vorhandene »Betriebsblindheit« für die kleinen Eigenheiten, die einem so zur zweiten Natur geworden sind, dass man sie nicht bemerkt bzw. berücksichtigt, obwohl deren Einbeziehung in die Blütenauswahl von großem Vorteil wäre. Dort, wo sich Blütenessenzen als Hausmittel bereits durchgesetzt haben, wird oft darüber berichtet, dass der Partner oder die Freundin gebeten wird, das Richtige für einen selbst auszusuchen. Sich die Meinung von vertrauten und vertrauenswürdigen Menschen einzuholen ermöglicht häufig das Einnehmen einer neuen Perspektive und damit auch eine andere Beurteilung der Sachlage. Die Erkenntnis: »So hab ich das ja noch nie gesehen!« eröffnet nicht selten einen Weg, den zu beschreiten die ausgewählten Blütenessenzen anschließend erleichtern.

Ein wichtiges Auswahlkriterium für die Selbstbehandlung ist das Wiedererkennen der eigenen Persönlichkeit in den *Beschreibungen der Blüten* in diesem Buch. Man achte dabei darauf, dass man sich emotional angesprochen fühlt. Drei unterschiedliche Reaktionen sind typisch beim Lesen solcher Texte:

»Kenn ich, genau so geht's mir auch oft.«
»Nein, also so bin ich ganz und gar nicht!«
»Damit kann ich jetzt aber gar nichts anfangen, wie uninteressant!«

Die beiden erstgenannten Reaktionen sind gefühlsmäßiger Art. Auch wenn man in sich eine starke Ablehnung gegen eine Beschreibung erkennt, sollte man dies doch als Zeichen dafür werten, dass es einen persönlichen Bezug gibt. Warum sollte ich emotional reagieren, wenn etwas angeblich so überhaupt nichts mit mir persönlich zu tun hat? Allein die dritte, die indifferente, ja ausbleibende Reaktion zeigt an, dass man die beschriebene Blüte tatsächlich nicht braucht.

Am besten, man notiert sich alle Blüten, bei deren Beschreibungen man Gefühlsregungen verspürte, und sucht anschließend maximal sechs der zum gegenwärtigen Zeitpunkt am deutlichsten zutreffenden für eine eigene Blütenmischung aus. Sollte man auf eine größere Anzahl kommen, kann einem das letztgenannte Kriterium der Aktualität dabei helfen, weniger relevante Blüten auszusortieren – zum Beispiel, wenn man weiß, oft Zukunftsängste zu haben, dies aber im Augenblick nicht der Fall ist. Vielleicht braucht man die entsprechende Blüte zu einem späteren Zeitpunkt, in die aktuelle Mischung gehört sie aber nicht hinein.

Hilfe bei der Auswahl der geeigneten Blüten für sich selbst bietet auch das *Repertorium* (siehe Seite 142). Bevor man dort hineinschaut, empfiehlt es sich jedoch, zuerst einmal für einen Augenblick innezuhalten, sich auf sich selbst zu besinnen und eine kleine Bestandsaufnahme durchzuführen: Wie geht es mir gerade? Was fühle ich? Welche Gefühle dominieren? Gibt es körperliche Erscheinungen, die mit bestimmten Gefühlen assoziiert sind (beispielsweise Bauchschmerzen mit Wut oder Ähnliches)? Zuerst also macht man eine kleine Stichwortliste für sich selbst, dann sucht man die entsprechenden Stichworte im Repertorium, die einem Hinweise auf die passenden Blüten geben können. Genaueres findet man dann im Kapitel mit den ausführlichen Blütenbeschreibungen. Wichtig ist hierbei immer die emotionale Beteiligung. Lässt mich ein Hinweis, eine Beschreibung gefühlsmäßig unbeteiligt, hat die Blüte mit mir auch nichts zu tun.

Und schließlich gibt es noch die *intuitive Auswahl* der Blütenessenz(en). Oder anders gesagt: das Hören auf die innere Stimme. Erfahrungsgemäß fällt dies Kindern viel leichter, während Erwachsene dazu gewissermaßen über den eigenen Schatten springen müssen. Kinder sind eher bereit, Unwahrscheinliches für möglich zu halten, und so machen sie gerne mit, wenn man ihnen die Schachtel mit den Blütenfläschchen hinstellt und sie bittet, zu erspüren, welche Flasche für sie persönlich die richtige ist. Dann kribbelt es ein bisschen in den Fingerspitzen, es wird ein wenig warm, und wenn sie dieses Fläschchen gefunden haben, holen sie es hervor. Kinder tun das. Und sie finden auch die für sich geeigneten Fläschchen heraus. Das spätere Nachlesen der Blütenbeschreibung bestätigt sehr häufig die Richtigkeit der intuitiven Auswahl des Kindes, das meist auch großen Spaß daran hat, sich selbst etwas auf so geheimnisvolle Weise auszusuchen.

Erwachsene sind durchaus ebenfalls in der Lage, auf diese Weise Blütenessenzen für sich auszusuchen, nur schaltet sich bei ihnen allzu schnell der Verstand ein, der sagt: »Das kann ja gar nicht gehen!« Doch was haben wir zu verlieren? Warum es nicht wenigstens ausprobieren? Das Herausziehen eines Fläschchens aus einer Schachtel ist ja nicht gleichbedeutend mit einem Muss der Einnahme ihres Inhaltes. Ob ich mich schließlich auf diese Art der Auswahl einlassen mag, entscheidet letztlich allein mein freier Wille. Und wenn ich dann vollkommen verblüfft beim Lesen der dazugehörenden Blütencharakteristik feststellen muss, dass mit dieser Blüte meine Gefühlslage exakt angesprochen wird und ich die Essenz gerne einnehmen möchte, dann ist es auch erlaubt, niemandem zu erzählen, auf welche Weise ich zu dieser Wahl kam.

Ähnlich verhält es sich mit den *Abbildungen der Blüten.* Schamanen und Naturheiler bei Völkern, die ihre ursprüngliche Beziehung zur Natur noch nicht verloren haben, beauftragen ihre Patienten zuweilen damit, die sie ansprechende Pflanze draußen im Freien selbst zu suchen, sich rufen zu lassen, Kontakt aufzunehmen. Welch hohe Hürde für einen westlich geprägten Menschen! »Da ruft nichts!« Die Alternative könnte aber auch lauten: Da hört jemand nichts. Und doch kann man sich »rufen« lassen, oder sagen wir besser: anziehen. Da leuchtet eine Blütenfarbe, dort lockt ein Duft, und hier fasziniert etwas, von dem ich gar nicht sagen kann, was es ist. Und ein klein wenig von der Faszination, die von Blüten ausgehen kann, findet sich wieder in den Farbfotos im Umschlag des Buches. Es ist möglich, sich von ihnen visuell »rufen« zu lassen. Wer es nicht glauben mag, dem sei ein kleiner Selbstversuch empfohlen: Man nimmt sich eine Woche lang an jedem Tag zur gleichen Zeit die Bilder vor und sucht diejenige Blüte aus, die einem genau dann am besten gefällt. Versprochen: Das wird nicht an jedem Tag dieselbe sein, auch wenn eine davon sogar die Lieblingsblume sein mag. Unsere Stimmung verändert sich, und plötzlich finden wir eine Blüte attraktiv, die uns erst gestern ganz unscheinbar vorkam. Es kann durchaus sein, dass einen an jedem Tag eine andere Blüte anspricht. Warum auch nicht?

Möchten wir anhand der Bilder nun eine Einnahmeauswahl erstellen, erscheint es jedoch lohnenswert, sich nicht allein auf einfache Vorlieben zu verlassen. In einer Form der Meditation können wir versuchen, uns den gegenwärtigen Gefühlszustand ganz bewusst werden zu lassen, zum Beispiel Unsicherheit. Machen wir uns klar, wie sich Unsicherheit anfühlt. Ist es ein Pochen im Kopf, ein Sirren im Bauch, ein kaltes Kribbeln am Rücken oder etwas ganz anderes? Wenn wir das Gefühl Unsicherheit körperlich wahrgenommen haben, schauen wir uns die Fotos an. Welche der Pflanzen spricht mich nun an? Welche kann das Körpergefühl, also das Kribbeln oder Pochen oder die Kälte, verändern? Welche verkörpert die Eigenschaften, die ich augenblicklich am dringendsten brauche?

Allein das Betrachten der Blüte bewirkt bereits eine Veränderung. Man bedenke dabei nur, dass die visuellen Signale von Form und Farbe auf der Netzhaut unserer Augen bestimmte Sehzellen aktivieren. Davon sind manche für Helligkeit, andere für die Komplementärfarben zuständig. Jedes Bild, das wir anschauen, löst somit eine einzigartige Kombination von Nervenzellenaktivität in unseren Augen aus, die natürlich an die Sehrinde unseres Großhirns weitergeleitet wird, dort im Hinterkopf, wo das Sehen zum Erkennen wird. Und auf dem Weg dorthin durchlaufen die nervalen Sehbahnen direkt unser limbisches System, das für die Verarbeitung unserer Gefühle zuständig ist. So kann unser Sehen direkten Einfluss auf unser Fühlen nehmen. Und so kann das Sehen auch die Auswahl der persönlich geeigneten Blütenessenzen mitbestimmen.

Eine weitere Form des Selbsttests, die vor Jahren in der Australischen Blütenessenzen Akademie in Perth entwickelt wurde, soll an dieser Stelle noch vorgestellt werden. Diese braucht allerdings ein wenig Zeit und Ruhe. Dort in Australien werden die Zusammenhänge von Akupunktur und Blütenenergie erforscht. Man fand heraus, dass es einen besonderen Akupunkturpunkt gibt, mit dessen Hilfe sich die Wirkung der gewählten Blütenessenz(en) in etwa vorhersagen lässt. Dieser Punkt ist der mit der Nummer 20 des so genannten Gouverneursmeridians. Er steht in der Akupunktur an ganz zentraler Stelle, weil er eine Verbindung zu sämtlichen übrigen Meridianen besitzt. Zu finden ist dieser Punkt im Schnittpunkt zweier gedachter Linien auf der Schädeldecke. Linie 1 verläuft von der Nasenspitze über den Kopf zur Nackenkuhle, Linie 2 ist die Verlängerung vom tiefsten Punkt des Ohres (Ohrläppchen) zum höchsten quer über den Kopf hinweg zum gegenüberliegenden Ohr. Dort, wo diese beiden gedachten Linien sich schneiden, befindet sich der Punkt Gouverneur 20 (siehe Seite 16).

Der Test wird nun im Liegen auf möglichst gerader Unterlage durchgeführt. Ein kleines Kissen dient als Unterlage für das gewählte Blütenfläschchen, denn dieses soll so platziert werden, dass sein Boden den Gouverneur 20 am Kopf berührt, ohne dass man sich dafür innerlich anspannen muss. Wenn alles arrangiert ist, entspannt man sich so weit als möglich und geht gedanklich zum Problem. Ist die Blütenessenz gut gewählt und versucht man, nicht willentlich in den nun stattfinden-

Gouverneur 20

den Prozess einzugreifen, erlebt man, wie die Gedanken beginnen, sich selbständig zu machen. Vielleicht läuft eine entsprechende Szene vor dem geistigen Auge ab, in der man sich anders verhält als gewohnt, oder es fallen einem neue Lösungsmöglichkeiten oder Strategien für dieses Problem ein. Über den Akupunkturpunkt beeinflusst die Blütenessenz direkt unser Denken, und zwar, indem ihre Energie frühere Denkblockaden und eingeschliffene Verhaltensweisen überwinden hilft. Die Perspektive für potentielle Problemlösungen wird erweitert, und man erkennt und erlebt zugleich gefühlsmäßig, wie sich das Problem lösen lässt und wie sich dies auf einen selbst auswirken wird.

Für diese kleine Übung sollte man sich wenigstens eine halbe Stunde Zeit nehmen und sich möglichst frei von jeder Erwartung machen, dafür aber bereit sein für Überraschungen.

Stellung Gouverneurstest

Darüber hinaus gibt es weitere Auswahlmethoden über Biofeedback, Kinesiologie, Kirlian-Fotografie, die es ermöglichen, die direkten Reaktionen einer Person auf eine Blüte erkennbar zu machen. Diese Methoden werden in der Regel jedoch nur von Therapeuten angewendet, weil zu deren Beherrschung eine entsprechende Ausbildung notwendig ist.

Wie Blütenessenzen wirken

Die Wirkung von Blütenessenzen ist immer subjektiv, und jeder, der sie einmal verwendet hat, hat damit eigene, ganz persönliche Erfahrungen gemacht, die stark von denen anderer Personen abweichen können. Grundsätzlich lässt sich sagen, dass Blütenessenzen das in einem vorhandene Potential anregen. Gleichzeitig zeigt dies auch die Grenzen ihrer Wirksamkeit auf. Die Fähigkeit zu lachen oder Herausforderungen anzunehmen, Ängste zu überwinden oder Beziehungen aufzubauen ist wohl in jedem Menschen vorhanden und kann somit gefördert werden. Aber nicht jeder ist ein großer Künstler, ein begabter Handwerker oder ein toleranter Personalchef – und wird es auch nicht unter Zuhilfenahme von Blütenessenzen.

Glücklicherweise sind diese sanften Schwingungsheilmittel frei von Nebenwirkungen, so dass im schlechtesten Falle eine falsch gewählte Essenz überhaupt keine Wirkung haben wird. Treffen sie jedoch auf eine gewisse innere Resonanz, stärken sie genau diesen Teil der Persönlichkeit. Und damit setzt eine Veränderung des ganzen Menschen ein.

Diese Veränderung kann sowohl sehr subtil als auch sehr dramatisch verlaufen. Es mag sein, dass sie einem persönlich gar nicht auffällt, weil die neue emotionale Reaktion zum Beispiel auf Stressbedingungen so selbstverständlich zustande kommt wie die vorherige, nunmehr überwundene, vielleicht mit Zittern und Schweißausbrüchen einhergehende. In solchen Fällen sind es meist die Mitmenschen, die eine Veränderung als Erste registrieren und einem ein »So kenne ich dich ja gar nicht!« übermitteln. Manchmal erscheint die Veränderung aber auch spontan und für einen selbst überraschend, beispielsweise wenn man eine bisher immer widerspruchslos hingenommene Demütigung durch gedankenlose Scherze der Arbeitskollegen plötzlich mit ein paar gut gewählten und selbstbewusst geäußerten Schlagfertigkeiten pariert.

Es kommt aber auch vor, dass man schon nach wenigen Tagen der Einnahme in ein leicht euphorisch zu nennendes Stadium kommt, sich stark erleichtert fühlt, die vorher als Mühsal betrachteten Aufgaben beschwingt angeht und problemlos bewältigt, von guter Laune und Optimismus durchdrungen ist und schier die ganze Welt umarmen könnte. Leider muss hier angemerkt werden, dass die Blütenwirkung nicht immer auf diese Weise zum Tragen kommt. Allgemein aber ist es der Sinn des Blüteneinsatzes, sich innerlich so zu stärken, dass man die bestehende Problematik aus eigener Kraft lösen kann. Dies zieht einen Zugewinn an Selbstbewusstsein und Selbstvertrauen nach sich und macht die Verwendung der Blütenessenz(en) obsolet. Und damit wäre die bestmögliche Blütenwirkung beschrieben: eine, die sich selbst überflüssig macht.

Während der intensiven Erforschung der Blütenwirkung führten wir einige Interviews mit Frauen durch, die während der Schwangerschaft die Hilfe von Blütenessenzen in Anspruch genommen haben. Da, wie oben bereits betont, die Wirkung von Person zu Person unterschiedlich wahrgenommen wird, sollen an dieser Stelle wenige Aussagen von Frauen zitiert werden, die beispielhaft für viele andere stehen.

Über den Grund der Einnahme:

»Ich wollte keine Medikamente nehmen. Meine Ärztin hat mir zwar welche angeboten, aber im Beipackzettel stand: ›Sollte nicht in der Schwangerschaft gegeben werden‹, und dann wollte ich lieber darauf verzichten.«

Über die Wirkung:

»Alles ist mir schwer gefallen, und auf einmal hatte ich wieder diese Leichtigkeit. Ich kam leicht hoch aus dem Sessel, was mir vorher schwer gefallen war, vor allem, wenn's dann am Bauch gedrückt hat. Ich hab gedacht: Kannst ganz leicht aufstehen, als ob der Bauch gar nicht da wär. Auch der Kopf war ganz leicht, es machte mir alles nicht mehr so viel aus, auch Krach nicht.«

»Auf einmal ging alles ganz einfach. Alles, was vorher schwierig war, war plötzlich kein Problem mehr. Wie wenn man vorher vor einer Mauer gestanden und ständig versucht hat, drüber zu springen, und jetzt plötzlich merkt, dass es eine Tür gibt, durch die man einfach hindurchmarschieren kann. Meine größte Panik hat sich auf einmal in Luft aufgelöst.«

»Erst mal war die Wirkung psychisch. Ich bin unheimlich ruhig geworden durch die Blüten, ich hatte das Gefühl, wenn jetzt eine Angstphase kommt, überstehst du sie, und gerade durch dieses Lockersein kommt sie dann meistens gar nicht. Damit ist auch eine körperliche Veränderung eingetreten. Ich konnte besser essen, womit ich sonst ziemliche Probleme hatte, auch Magenprobleme. Durch dieses Gefühl der Entspannung konnte ich mehr essen, und dann ging es mir wieder gut. Ich habe ein wenig zugenommen und hatte dann ideales Gewicht.«

Über die Fremdwahrnehmung:

»Ich selbst kann gar nicht sagen, ob ich mich verändert habe. Das Einzige, was mir aufgefallen ist, war, dass ich vorher immer nur geheult habe, und nachher habe ich nur noch gelacht. Das ist meinem Mann hauptsächlich aufgefallen: Ich habe mich über alles nur noch schief gelacht.«

»Ich hatte von Blüten vorher nie etwas gehört, und der Arzt hat nur gelächelt – bis zur Entbindung, seitdem hat er nicht mehr darüber gelächelt. Bis zur Entbindung hat er mir nicht geglaubt, hat gedacht, die ist nicht ernst zu nehmen. Ich aber hab immer schön meine Tröpfchen eingenommen. Zuerst gingen die bösen Träume weg, das ging relativ schnell, ich bin dadurch nicht ruhiger geworden im Sinne von gedämpfter, aber ich war nicht mehr so aggressiv, denn ich war mir sicher, mir passiert nichts.«

»Mein Freund hat zwar gesagt: ›Erst die ganze Schwangerschaft dieser Hexenzauber und dann auch noch im Kreißsaal!‹ Aber ich war mir da ganz sicher.«

Über ausbleibende Wirkungen:

»Da ist nichts passiert. Zwei oder drei Tage nach der Einnahme war die Entbindung, ich glaube, da hat sich gar nichts verändert; es ging mir nur irgendwann besser. Klar ging's mir irgendwann besser, aber ich kann nicht definitiv sagen, dass es die Blüten gewesen sein müssen. Mir haben die Gespräche in der Situation überaus geholfen, dass ich einfach endlich mal mit jemandem zusammengekommen bin, dem ich sagen konnte, so und so geht's mir, ganz schlecht, ganz furchtbar, und ich fühl mich überhaupt nur ganz klein und wie ein Häufchen Elend. Und da war jemand und hat gesagt, ja, ist mir ganz klar, wie das ist, und hat bestätigt, dass es in Ordnung ist so.«

Unerwünschte Wirkungen

Trotz der oben festgestellten Nebenwirkungsfreiheit kann es dennoch zu Auswirkungen kommen, die so weder erwartet noch erwünscht sind. Dies kann unter Umständen geschehen, wenn ein als unangenehm erachtetes behandeltes Symptom verschwindet, dessen Sinn sich erst anschließend dahingehend offenbart, dass es zur Unterdrückung einer wesentlicheren, aber unerkannten Problematik notwendig war. Um ein Beispiel zu nennen: Es möchte sich jemand von seiner Angst befreien, was aber im Ergebnis möglicherweise dazu führt, dass ein darunter verborgenes Gefühl von Wertlosigkeit auftaucht. Derartige Fälle treten äußerst selten auf und können durch einen guten Kontakt zum Beispiel mit der Blütenberaterin aufgefangen werden und indem die Mischung entweder sofort abgesetzt, geringer dosiert oder ersetzt wird.

Eine solche »unerwünschte« Entwicklung kann mit dem Abschälen einer Zwiebel verglichen und insofern positiv bewertet werden, als man sich langsam und Schicht für Schicht dem Kern einer Problematik nähert. Wichtig dabei ist, dass man sich nicht mit einer überstürzten Entwicklung überfordert. Generell kann man sagen, dass Blütenessenzen einen innerlich immer nur so weit fördern, als man selbst bereit ist, dies zuzulassen und auszuhalten. Dass diese Förderung immer Spaß macht, kann man nicht sagen.

Für einen selbst ist es dann sehr wichtig, die Stärke der unangenehmen Gefühlsreaktionen herauszufinden (vielleicht auch mit Hilfe einer Blütenberaterin) und zu wissen, dass diese zuallererst Anzeiger einer exakt treffenden Blütenmischung sind und in aller Regel innerhalb weniger Tage einer inneren Stabilität weichen werden. Empfindet man die Reaktionen heftiger, als man auszuhalten glaubt, kann eine

Verminderung der Einnahmefrequenz angezeigt sein, beispielsweise drei- statt viermal täglich. Dies verlangsamt die Reaktionen und macht sie somit erträglicher.

Weitere mögliche Reaktionsweisen, die überraschen können, sind vermehrte und übel riechende Ausscheidungen, starkes Schwitzen und ähnliche Auswirkungen einer inneren Selbstreinigung, die von Blütenessenzen in Gang gesetzt worden sind. Meist ist es beruhigend zu wissen, dass diese Reaktionen in aller Regel nach drei bis vier Tagen von alleine aufhören. Dies führt dazu, dass man ihnen weniger Bedeutung beimisst und sie erträglicher findet, weil man auch weiß, dass es sich um eine selbstreinigende Wirkung handelt, die der Gesundheit zuträglich ist. Auch in solchen Fällen kann die Einnahmefrequenz herabgesetzt werden, um sich nicht zu überfordern.

Bei einem vollständigen Absetzen der Einnahmemischung verschwinden sämtliche Erstreaktionen innerhalb von 12 bis 24 Stunden.

Die genannten möglichen Erstreaktionen treten lediglich bei einem minimalen Prozentsatz der Anwendungen auf (weniger als 1 Prozent) und reduzieren sich weiter, wenn man die Hintergründe kennt und sie vielleicht in einem Gespräch mit einer Beraterin weiter klärt. Meist ist die Unwissenheit über das Vorgehende schlimmer als die Erstreaktion selbst.

2

Blütenessenzen für Schwangerschaft und Geburt

Wie eingangs beschrieben definieren wir Blütenessenzen als Energie- und Informationsträger. Blütenenergie lässt sich weder mit Apparaten messen noch bestimmten Werten oder Begriffen zuordnen. Es bedarf daher einer geduldigen Analyse und anschließender »Übersetzung« der energetischen Eigenschaften in verständliche Sprache, um eine Blütentherapie überhaupt erst möglich und handhabbar zu machen.

Die erste Begegnung mit der Blütenenergie findet dort, wo die gesuchten Pflanzen leben, also in der Natur, statt, und da zuerst in der Meditation. Man stellt physischen Kontakt zur Pflanze her und/oder mentalen und beginnt eine nonverbale Kommunikation. Dazu begibt man sich in den unmittelbaren Einflussbereich der ausgesuchten Pflanze, was manche Esoteriker »Aura« nennen, und lässt auf sich wirken, was immer da wirken mag. Feinfühlige Menschen berichten von Kribbeln oder Wärme, von Licht oder feinen Strömen, Schamanen erhalten Informationen von den Pflanzengeistern, den Devas – und Wissenschaftler schütteln die Köpfe. Dennoch sind Pflanzen lebendige Wesen, die zu kommunizieren in der Lage sind (vgl. P. Tompkins/Ch. Bird, siehe Seite 166). Das Problem für uns Menschen ist einzig, dass sie es nicht in einer uns vertrauten verbalen Weise tun; wie sollten sie auch. Wenn man sich ihrer »Sprache« aber öffnet, wenn man wenigstens für einen Augenblick die Blockade im Kopf, dass nicht sein kann, wofür es keine Erklärung gibt, überspringt und einfach aufnahmebereit ist, dann erhält man Nachrichten von den Pflanzen, so ungeheuerlich dies für rationale Analytiker erscheinen mag. Warum es nicht einfach versuchen, was gibt es schon zu verlieren? Ein einfacher erster Schritt einer Kontaktaufnahme zu einer Pflanze kann schon darin bestehen, dass man sich beispielsweise einen Baum auswählt, in dessen Schatten man gerne sitzen, an dessen Stamm man sich lehnen möchte. Man schließt vielleicht die Augen und spürt die Festigkeit des Holzes im Rücken und die Struktur der Rinde und tut weiter gar nichts – außer beobachten, wahrnehmen: Fühlt man sich möglicherweise nicht nur ge-, sondern gar unterstützt, ist es warm im Rücken, spürt man einen bestimmten Körperteil besonders deutlich, kommen einem Gedanken in den Sinn, die überraschend erscheinen? Wie auch immer: Man gewinnt einen Eindruck, denn die so übermittelten Nachrichten sind ja immer gefühlsmäßig und nicht zu vergleichen mit Fakten, die wir als »Nachrichten« zu bezeichnen gewohnt sind. Je intensiver der Kontakt ist, desto vielfältiger sind die Nachrichten, die Pflanzen uns mitzuteilen haben.

Dies alles wird selbstverständlich von Wissenschaftlern, so sie einem freundlich gesinnt sind, als Träumerei abgetan, andernfalls als Hirngespinste und Halluzinationen. Sei's drum: Wer in der Meditation Informationen von Pflanzen erhält, weiß selbst, dass er diese überprüfen muss, da sich womöglich Wunschdenken eingeschlichen hat. Es muss also anschließend die Überprüfung des Wahrheitsgehaltes dessen, was man glaubt erfahren zu haben, erfolgen, und zwar – im Falle der Blütenessenzen – im vollkommen ungefährlichen und nebenwirkungsfreien Versuch am Menschen. In der Regel nimmt der Hersteller einer Essenz, der ohnehin ein positives Verhältnis zur Pflanze hat und diese mag, seine Essenz zuerst über einen bestimmten Zeitraum selbst ein und führt Protokoll über die Seelenlage zu Beginn der Einnahme und wie sie sich im Laufe der Einnahme verändert. Meist finden sich auch Freunde, Bekannte, Kollegen, die bereit sind mitzumachen, denn im schlechtesten Fall wird gar nichts geschehen, im besten aber werden sie davon profitieren können. Nun trägt man alles zusammen und kann damit beginnen, Gemeinsamkeiten der Erfahrungen herauszudestillieren, die wiederum bei allen seriösen Blütenessenzenherstellern als »Kurzinformation der Versuchs- oder Forschungsessenzen« anderen Menschen, meist Blütenberatern und -therapeuten, angeboten werden. Die Untersuchungsmethode der Blütenqualitäten ist also eine empirische. Mit ausreichend Rückmeldung von möglichst vielen, möglichst unterschiedlichen Personen entsteht so mit der Zeit ein Porträt der Blütenessenz, das sich weiter festigt und/oder weiter modifiziert wird.

Die am längsten erforschten Blütenessenzen sind diejenigen, die in den dreißiger Jahren unseres Jahrhunderts von Dr. Edward Bach in England entdeckt wurden. Tausende Zeugnisse von Anwendern belegen deren spezifische Eigenschaften. Ähnlich sicher ist man sich der Definitionen der Blütenessenzen der kalifornischen

Flower Essence Society und der Living Essences of Australia, die auf mittlerweile über zwanzig Jahre Gebrauch und Erforschung zurückblicken können.

Weltweit existieren heute schätzungsweise an die 10.000 verschiedene Blütenessenzen, produziert von etwa 100 professionellen Herstellern (vgl. D. Albrodt, *Illustrierte Enzyklopädie der Blütenessenzen*, siehe Seite 164). Eine ganze Reihe davon wurden von uns auf besondere Einsatzfähigkeit im Bereich der Geburtsvorbereitung untersucht, bis wir schließlich eine Vorauswahl von weiter zu untersuchenden Blüten trafen, die folgende Kriterien erfüllen sollten:

- ✓ Es musste bereits Informationsmaterial über Heileigenschaften vorhanden sein (dies trifft für die meisten zu, wenn auch einige Essenzen von uns selbst entwickelt wurden).
- ✓ Die Heileigenschaften mussten sich in etwa mit den Bedürfnissen der mitarbeitenden Hebammen decken (zum Beispiel wenn verlangt wurde, eine Blütenessenz zur Verfügung zu haben, die die Annahme der Mutterschaft emotional erleichtern sollte, mussten wir die in Frage kommenden untersuchen).
- ✓ Die Blütenessenzen mussten natürlich jederzeit verfügbar sein (womit eine ganze Reihe exotischer Blüten, die in Mitteleuropa nicht professionell vertrieben werden, nicht berücksichtigt wurden).
- ✓ Die Blütenessenzen sollten möglichst aus dem geographischen Umfeld stammen, in dem sie schließlich auch eingesetzt werden sollten (was den Umkehrschluss, sie seien andernorts unwirksam, nicht zulässt, da das Gegenteil bereits bewiesen wurde).
- ✓ Die Qualität der zur Verfügung stehenden Blütenessenzen musste gleich bleibend hoch sein.

Ein weiteres Kriterium bezog sich auf die Gesamtzahl der von uns ausgewählten Blütenessenzen, denn des Entwicklers der Blütentherapie, Dr. Edward Bachs, oberstes Ziel der Einfachheit hatte und hat auch für uns Priorität. Am Ende des mehrjährigen Untersuchungszeitraumes, währenddessen viele Hebammengruppen die Wirkungen der Blütenessenzen wieder und wieder überprüften, kristallisierte sich eine Auswahl von zwanzig Blüten heraus.

In der Tat weisen nicht alle Blütenessenzen lupenrein voneinander unterscheidbare Energien auf, vielmehr gibt es Wirkungsüberschneidungen und Ähnlichkeiten (vor allem bei miteinander verwandten Pflanzen), so dass erfahrenen Blütenanwendern einiges in den nachfolgenden Beschreibungen der einzelnen Blüten wohl bekannt vorkommen mag. Als Beispiel für eine der Wirküberschneidungen sei an dieser Stelle die Birnblüte genannt. Diese lindert extreme bis panikartige Angst, einen Zustand, den Bachblütentherapeuten mit »Rock Rose« assoziieren, greift darüber hinaus aber auch in mentale Abläufe wie das Kreisen sorgenvoller Gedanken um die Gesundheit anderer, hier des Ungeborenen, was in der Bachblütentherapie die bewährte Indikation für »Red Chestnut« ist. Zugleich aber arbeitet die Birnenblütenessenz am übergeordneten Thema »Mutterschaft«. Zusammengefasst wirkt die Birne bei einer vorhandenen Mutterproblematik, vor allem, wenn Sorgen um den Nachwuchs sich zu äußerster Angst steigern können. Wir haben es hier also mit einer Blütenessenz zu tun, die gleich mehrere andere ersetzen kann und somit dazu beiträgt, die Anzahl der in der Geburtsvorbereitung verwendeten Mittel so gering und damit so einfach und überschaubar wie möglich zu halten.

Die zwanzig Blütenessenzen für die Geburtsvorbereitung und -hilfe setzen sich aus solchen zusammen, die bereits lange Zeit als Bachblüten bekannt sind, wie der Doldige Milchstern und die Kiefer, aus weiteren, deren Entdeckung Patricia Kaminsky und Richard Katz von der kalifornischen Flower Essence Society zu verdanken ist, wie die Weiße Schafgarbe und die Kleine Braunelle, andere wurden zuerst von Lila Devi von Master's Flower Essences ebenfalls in Kalifornien beschrieben, wie Apfel und Birne, während die übrigen schließlich eigene Entdeckungen sind. Alle von uns verwendeten Blütenessenzen wurden jedoch in Europa hergestellt, bis auf die spanische Bougainvillea sogar alle in Mitteleuropa. Obwohl einige der Blütenessenzen bereits gut beschrieben waren, stellten wir während ihrer Untersuchung für unsere speziellen Zwecke doch fest, dass sich die in unseren Breiten hergestellten Blütenessenzen leicht, manche sogar erheblich in ihrer Wirkung von den andernorts hergestellten unterscheiden. Generell wird es jedoch sicher möglich sein, sowohl mit selbst hergestellten Blütenessenzen der genannten Pflanzen zu arbeiten als auch mit solchen verschiedener seriöser Hersteller.

Zuweilen wurde hier und da vorgeschlagen, noch die eine oder andere weitere Blütenessenz in unser System aufzunehmen, da in besonderen Fällen keine dieser Blüten, sondern eine vollkommen andere sich als angemessenste herausgestellt hatte. Obwohl wir natürlich angestrebt hatten, eine in ihrer Wirkung möglichst umfassende Auswahl an Einzelmitteln zu entwickeln, bleibt eine Hundertprozentigkeit sicher nur unter Verzicht auf Überschaubarkeit der Anzahl der Blüten erreichbar. Letztlich haben wir uns auf zwanzig beschränkt, wohl wissend, dass damit zwar in den allermeisten Fällen wirksame Hilfe zur Verfügung steht, nicht aber in jedem einzelnen. Glücklicherweise jedoch sind Blütenessenzen jedes seriösen Anbieters miteinander kombinierbar, und wir empfehlen jeder Anwenderin, der die hier vorgestellte Anzahl als nicht ausreichend erscheint, auf diejenigen Blütenessenzen zurückzugreifen, mit denen sie bereits vertraut ist, und diese mit den »Geburtsblüten« zu kombinieren. Als besonders geeignet haben sich hierfür die Blütenessenzen der Healing Herbs, England, und der Flower Essence Society, USA, herausgestellt.

Bezugsquellen der hier vorgestellten Blütenessenzen als Geburtsvorbereitungsset finden sich im Anhang dieses Buches.

Schwangerschaft ist keine Krankheit und Geburt ein natürlicher Prozess

Das wissen wir alle: Viele Frauen erleben in der Schwangerschaft ein extremes Maß an Offenheit, Durchlässigkeit, Weichheit, Weiblichkeit und ein Mitschwingen mit der Umwelt, manchmal mit dem ganzen Universum. Das hört sich zunächst großartig an, kann aber auch zu viel sein für die betreffende Frau. Manche werden so sensibel, dass sie kaum mehr die Tageszeitung lesen können, ohne zu verzweifeln. Sie können sich schlecht bis gar nicht abgrenzen, alles von außen berührt sogleich Herz und Seele. Andere nutzen diese Offenheit und horchen in sich hinein, um genau zu erspüren, was ihnen gut tut und was nicht. Sie verändern nicht selten ihre Lebenseinstellung oder -gewohnheiten, was hilft, ein enormes Potential an Kraft und Mut zu erschließen, das jeder Frau in der Schwangerschaft zur Verfügung steht. Dies wird jedoch nicht immer erkannt und genutzt, und all das, was auf die Frau in der Zeit der Schwangerschaft an neuen oder alten Themen einstürzen kann, mag eher geeignet sein, sie aus dem Gleichgewicht zu bringen.

Nicht wenige Frauen leiden in Abschnitten, manche sogar den gesamten Verlauf der Schwangerschaft hindurch in unterschiedlichem Ausmaß an den verschiedensten Symptomen. Wir meinen damit nicht den Mythos von der launischen Frau, die ihren Mann in eiskalter Winternacht losschickt, um Erdbeeren zu kaufen, denn das dürfte kein großes Leid bedeuten, zumindest für die Frau nicht. Wir meinen physisches oder psychisches Ungleichgewicht, das der Frau zu schaffen macht, sich vielleicht sogar durch Unwohlsein und Beschwerden bis hin zur Erkrankung zeigt.

Da von einer schwangeren Frau eher erwartet wird, dass sie glückselig ist, fällt es nicht immer leicht, über Unausgeglichenheit, gar über Probleme zu sprechen. Bisweilen steht auch die Angst vor Bewertung im Vordergrund (»Aha, die Frau erbricht, sie lehnt das Kind insgeheim ab«). Gleichwohl lassen sich körperliche Probleme leichter äußern als psychische. Notfalls werden »die Hormone« verantwortlich gemacht und als Problemlösung das Warten auf das Ende der Schwangerschaft bevorzugt. Bedauerlicherweise unterstützen häufig auch Frauenärzte und -ärztinnen diese Einstellung und konzentrieren sich allein auf die Wahrnehmung und Behandlung der körperlichen Ebene.

Frauen, die den seelischen Ursprung einer körperlichen Symptomatik erkennen und dieses auch dem Arzt/der Ärztin mitteilen, ernten oft nur Schulterzucken oder mitleidige Blicke. Wenig überraschend ist, dass gerade solche Frauen gern die Blütenberatung in Anspruch nehmen. Dort bekommen sie die Möglichkeit, sich alles Bedrückende von der Seele zu reden und haben damit schon den ersten Schritt in Richtung Selbstheilung getan.

Wenn von Beschwerden, von Leid, von Ungleichgewicht die Rede ist, können die meisten Frauen, die schon einmal schwanger waren, von eigenen Erlebnissen und Erinnerungen berichten. Andere, und nicht zu wenige, empfinden und empfanden Schwangerschaft und Geburt als vollkommen harmonisch. Wichtig ist für beide Gruppen, dass das persönliche Erleben in der Blütenberatung nicht bewertet wird. Schwangerschaftsbeschwerden sind als Thema sehr komplex. Oft besteht sowohl im häuslichen als auch im beruflichen Umfeld, zuweilen aber auch in der Beratung die Neigung, Frauen in vorgefertigte Kategorien einzuordnen, sie gleichsam in Schubladen zu stecken, was nichts anderes ist, als vorschnell und leichtfertig zu glauben, die tatsächlichen Ursachen eines Symptoms erkannt zu haben. Jede Frau verfügt jedoch über eine ganz persönliche Geschichte, ein individuelles Schicksal und eine ganz spezifische Weise, ihr Leben, ihre Schwangerschaft und die Geburt ihres Kindes zu gestalten. Bei der Blütentherapie geht es stets darum, die Frau in ihrer individuellen Situation zu unterstützen und ihr einzigartiges Selbsthilfepotential zu stärken, nicht sie zu analysieren, zu bewerten oder zu bevormunden.

An welchen Beschwerden leiden nun schwangere Frauen? Welche Themen drängen sich der Frau auf, und wie kann sie sie bewältigen? Zum besseren Verständnis folgt hier ein kurzer Überblick über mögliche Schwierigkeiten auf körperlicher und seelischer Ebene. Bei der Blütentherapie steht zwar deutlich die Seele im Zentrum der Bemühungen, jedoch bemerken die Frauen häufig zunächst Beschwerden auf der Körperebene, während ihnen ihre seelische Verfassung zuweilen kaum bis gar nicht bewusst ist. Der Alltag bietet wenig Gelegenheit zum Innehalten.

Zu keiner anderen Zeit im Leben eines Menschen erfährt der Körper eine vergleichbare Veränderung und muss ähnlich große Leistungen vollbringen wie in der

Schwangerschaft. Der gesamte Hormonhaushalt stellt sich um, sorgt für einen anderen Stoffwechsel, Bänder dehnen sich, Gewebe lockert auf, selbst Knochen verändern sich. Das Herz hat Mehrarbeit zu leisten, um die gesteigerte Blutmenge zirkulieren zu lassen, die Organe müssen ihre Position verlagern, um Platz zu schaffen für das Kind. Was anfangs mehr im Verborgenen geschieht, wird später am Wachstum von Brüsten und Bauch immer deutlicher: Ein neuer Mensch wächst.

Zu Beginn der Schwangerschaft klagen viele Frauen über Müdigkeit, Kreislaufprobleme, Spannungen in den Brüsten, Übelkeit und Erbrechen. Die Reaktionen auf vergleichbare Beschwerden fallen individuell höchst unterschiedlich aus. Während die eine mit großer Geduld auf Besserung wartet, mag die andere vielleicht gereizt reagieren, weil nichts mehr so reibungslos wie früher zu funktionieren scheint. Gerade das Erbrechen, das die meisten nur aus der Kindheit kennen, ist für ein Großteil der Frauen besonders unangenehm und wird als stark belastend empfunden. Erbricht eine Frau sich nur wenige Male, mag sie dies wohl nicht sonderlich tragisch empfinden, welche Auswirkungen aber hat dies, wenn es sich über Wochen oder gar Monate hinzieht und scheinbar durch nichts zu beeinflussen ist? Ebenso wahrscheinlich wie häufig erfolgt ein körperlicher wie seelischer Abbau. Wie geht es ihr damit, wie fühlt sie sich, welchen Einfluss hat dies auf ihre Lebenssituation etc.? Alle Aspekte ganzheitlich zu betrachten kann Hinweise auf geeignete Blütenessenzen und Ansatzmöglichkeiten für ihren optimalen Einsatz bieten. Gesucht werden Blüten für genau diese ganz besondere Frau in ihrer ganz persönlichen Situation. Das Augenmerk allein auf die körperliche Symptomatik zu richten reicht nicht aus, die emotionalen Reaktionen müssen einbezogen werden, genauso wie die sozialen, familiären und Liebesbeziehungen.

Im weiteren Schwangerschaftsverlauf werden häufig körperliche Beschwerden genannt wie: Wassereinlagerungen, damit verbunden Unbeweglichkeit, Trägheit, Rückenschmerzen, Verspannungen, hoher Blutdruck, Krämpfe, Schlaflosigkeit, Kurzatmigkeit, Schwitzen, Verstopfung, verstopfte Nase, Pilzinfektionen und noch vieles mehr. Vieles ist einfach nicht zu ändern, frau kann sich zum Beispiel nicht schnell im Bett umdrehen, wenn ein riesiger Bauch sie daran hindert, ihr bleibt kaum etwas anderes übrig, als dies zu akzeptieren, wenngleich es natürlich verständlich ist, dass sich solche Beeinträchtigungen auch auf Stimmung und Einstellung auswirken. Verändert sich jedoch die Einstellung gegenüber einer Beeinträchtigung oder einem Problem, verschwindet manchmal das Symptom wie von selbst.

Neben solchen Beschwerden können allerdings auch tatsächliche Schwangerschaftserkrankungen oder Komplikationen auftreten, deren Behandlung immer in die Hand von Hebammen oder Ärzten gehören. Übergänge von leichten Störungen zu behandlungsbedürftigen Krankheiten können fließend und zuweilen nur schwer deutlich auszumachen sein. Aus diesem Grunde legen wir allen, die Blütenessenzen verwenden, ausdrücklich ans Herz, in unklaren Fällen Kontakt zu Hebammen oder Ärzten aufzunehmen. Aus Wassereinlagerung und hohem Blutdruck zum Beispiel kann eine Gestose entstehen, was eine Lebensbedrohung für Mutter und Kind darstellt. Rückenschmerzen können Anzeichen von vorzeitigen Wehen sein. In solchen Fällen sind Blütenessenzen als ausschließliche Behandlung keinesfalls ausreichend. Blütenessenzen können Kranke und Leidende selbstverständlich über die seelische Ebene unterstützen. Manchmal reicht das aus, in anderen Fällen aber eben nicht. Verantwortlicher Umgang mit der eigenen Gesundheit impliziert in unserem Verständnis die Kenntnis und Anerkennung der Grenzen der eigenen Fähigkeiten und der Hilfsmittel.

Während die körperliche Ebene der Schwangerschaft immer sehr deutlich sichtbar ist und bei allen Vorsorgeuntersuchungen genauestens beobachtet und festgehalten wird, tritt die seelische Verfassung dagegen sehr in den Hintergrund. Ein Kind zu bekommen ist ein ebenso einzigartiger Vorgang, wie jede Frau ein einzigartiger Mensch ist. Dennoch lassen sich wenigstens grob wesentliche emotionale Problembereiche eingrenzen und beschreiben, die körperlichen Beschwerden zugrunde liegen bzw. sich gegenseitig beeinflussen können.

Bei einigen davon handelt es sich um hochkomplexe Problematiken, deren Verarbeitung beinahe einer Lebensaufgabe gleichkommt. Frauen schildern gelegentlich, dass sie niemals zuvor mit einer bestimmten Thematik konfrontiert, nun aber durch die Schwangerschaft dazu gezwungen wurden und im günstigsten Fall sehr viel daraus gelernt haben. Häufig sind dies Schattenbereiche, die gern verdrängt werden, wie beispielsweise Tod, Behinderung, Schmerz, Ohnmacht. Andere Themen mögen den Frauen zwar als problematisch bekannt sein, innerlich jedoch scheinbar erledigt oder vergessen, nun aber werden sie wieder aktiviert, zum Beispiel Schwierigkeiten, deren Ursprung in der Kindheit zu finden ist.

Unsicherheit bewegt viele Frauen in der Schwangerschaft, besonders die Erstgebärenden. Alles ist neu und unbekannt. Sie wissen nicht, wie sie sich verhalten sollen, und wollen doch nichts falsch machen. Typisch ist das Lesen vieler Bücher zum Thema, das Ausfragen der Freundinnen, Mütter und Bekannten, oft allein, um dadurch noch stärker verunsichert zu werden. Die Unsicherheit bezieht sich auf alle Bereiche der Schwangerschaft, und manchmal würde es ausreichen, einfach dem eigenen Gefühl oder dem »gesunden Menschenverstand« zu folgen, um das innere

Gleichgewicht wiederzuerlangen. Förderlich sind hierbei Menschen, die der Frau Mut machen, dies auch zu tun.

Als größte Stressfaktoren sind Angst und Sorge zu nennen. Fast jede Frau empfindet zu irgendeinem Zeitpunkt der Schwangerschaft einmal Ängste, auch die Mutigste, Zuversichtlichste, Verwegenste oder Gelassenste. Tatsächlich sind Schwangerschaft und Geburt ja etwas Unbekanntes und Unberechenbares. Kein Mensch kann garantieren, dass alles gut geht für Mutter und Kind. Dies jedoch muss nicht zwangsläufig beängstigend sein, entspringt wohl viel eher gewohnheitsmäßigem Sicherheitsdenken.

Je nach Temperament oder auch momentaner Verfassung der Frau kann es sich um »kleine« Ängste oder »große« handeln. Die Bandbreite reicht von Sorgen um die Schwangerschaft (Gewichtszunahme / Ist auch alles in Ordnung im Verlauf? / Wann wird das Kind kommen?) über die Geburt (»Werde ich die Geburt überstehen? / Muss ich unbedingt ohne Medikamente entbinden? / Hoffentlich bekomme ich keinen Kaiserschnitt!) bis hin zu der Zeit nach der Geburt (Was wird aus meinem Beruf? / Kann ich eine gute Mutter sein?).

Manchmal werden aus Sorgen auch riesige Ängste bis hin zur Panik, das Kind könne behindert sein oder sterben, oder die Frau selbst könne die Geburt womöglich nicht überleben. Manchmal besteht in der Tat Anlass zu Sorge und Angst, ein andermal dagegen spielt sich alles nur in der Phantasie ab und ist durch keinerlei Befunde begründet. Das Leid jedoch bleibt dasselbe und wirkt in jedem Fall belastend auf Frau und Kind.

Neben den Ängsten, die die Frau aus sich heraus entwickelt, kommen häufig noch die durch das Umfeld auf sie projizierten.

Bisher wurde der Partner, der Vater des Kindes, noch mit keinem Wort erwähnt, denn was er denkt und fühlt, welche Perspektive er einnimmt, wie seine Reaktionen ausfallen, wie sie zurückreflektiert werden und erneut seine Gefühlslage beeinflussen, das alles ist eigentlich ein Thema für sich und sprengt den Rahmen dieses Buches. Ungeachtet dessen kann all jenes, was über die seelische Ebene gesagt wird, zumindest teilweise auf ihn übertragen werden. Auch er muss sich mit der Schwangerschaft anfreunden, muss hineinwachsen, hat seine Ängste und Befürchtungen und nebenbei bemerkt noch viel weniger Möglichkeiten, darüber zu sprechen, als die Frau. Vielleicht ist es für ihn das erste Mal, dass er sich mit der Rolle eines Beschützers und Ernährers konfrontiert sieht, ganz gleich, ob er sich dem gewachsen fühlt oder nicht. Die Übernahme einer neuen sozialen Rolle ist nicht für jeden Mann selbstverständlich und einfach. Mag sein, dass er seine eigene Unsicherheit vor seiner Partnerin verbergen will, um sie nicht zu beunruhigen. Vielleicht spürt sie, dass er sich sorgt, doch nur offene und ehrliche Kommunikation kann zur gegenseitigen Entlastung führen.

Keineswegs unterschlagen werden sollen hier aber auch Situationen, in denen die Männer die Verantwortung ablehnen oder ausbrechen. Alles in allem ist der Prozess des Elternwerdens eine sehr bewegte Zeit für Mann und Frau, in der manches auch nicht so offen auf den Tisch gelegt wird, sondern häufig aus der ungeprüften Annahme heraus gehandelt wird, bestimmtes Verhalten würde von einem erwartet. Beide sind sehr mit sich selbst beschäftigt, da ist das Kind und bei den meisten Männern noch der Karrieresprung, denn man hat ja jetzt Verantwortung. Es ist fast eine Überforderung für eine Beziehung, das alles zu bewältigen.

Zu den möglichen Belastungen in der Beziehung gesellen sich noch die durch Mütter, Schwiegermütter, Freundinnen, Kolleginnen ... Alle wissen scheinbar mehr über das Thema als die Frau selbst und sind jederzeit bereit, ihre meist schlechten Erfahrungen über sie zu ergießen. Nicht immer fällt es leicht, sich dagegen zu wehren und sich abzugrenzen.

Eine weiterer Konflikt ergibt sich aus unserer Sicht teilweise durch die medizinische Versorgung. Das mag zunächst widersprüchlich erscheinen, werden doch die Frauen grundsätzlich während der Schwangerschaft optimal betreut. Tatsächlich gibt es immer mehr und präzisere vorgeburtliche Untersuchungen, die Sicherheit verschaffen sollen (Kritiker/-innen sprechen von der »gläsernen Gebärmutter«), und dennoch fühlen sich schwangere Frauen häufig verunsichert und teilweise sogar verängstigt durch all die vielen Tests, Ultraschalluntersuchungen, Routine-CTG's usw. Sie fühlen sich überwacht, abgefertigt, wie eine Sache behandelt. Scheinbar geht es ausschließlich um das Kind als Objekt des Interesses, nicht aber um sie als Person. Schwangerschaft und Geburt verlieren dadurch an Natürlichkeit, verwandeln sich in mechanisch-technische Vorgänge außerhalb biologischer Kontrolle und nehmen etwas Gefährliches, anscheinend nur durch Technologie Beherrschbares an. Die Frauen im Vorbereitungskurs glauben oft nicht an ihre Gebärfähigkeit, sie können sich nicht vorstellen, dass ihr Körper ganz aus eigener Kraft ein Kind hervorbringen kann. Warum sonst sollten all diese Verfahren und Eingriffe sowohl in der Schwangerschaft als auch bei der Geburt nötig sein? Den Grund dafür suchen die Frauen allzu oft zuerst bei sich selbst, als stimme etwas bei ihnen nicht. Ihnen fehlt das Selbstvertrauen. Und es ist harte Arbeit, ihnen im Vorbereitungskurs eine Ahnung von ihren Fähigkeiten zu vermitteln.

Unser Anliegen ist nicht, auf Biegen und Brechen eine natürliche Geburt zu propagieren oder den Einsatz von Technik zu verteufeln, sondern unsere Kritik bezieht sich auf die Routinebehandlung und -überwachung der Frauen, die sie zum Objekt degradiert und ihnen den Freiraum für Selbstbestimmung nimmt. Der Eindruck, als ginge es speziell bei der Geburt im Krankenhaus in erster Linie um die Sicherheitsansprüche des medizinischen Personals, lässt sich nicht stets widerlegen. Immer steht auch die Angst im Raum, dass »etwas« bei der Geburt passieren könnte, was nicht nur unerwünscht ist, sondern zugleich rechtliche Folgen nach sich ziehen würde. Am Ende verliert das Erleben der Frau jegliche Priorität.

Das Gefühl der Überforderung wird häufig genannt, wenn nach Beeinträchtigungen während der Schwangerschaft gefragt wird. Die Gründe dafür sind mannigfaltig. Es kann sein, dass die Frau allein stehend ist oder der Mann sich nicht so engagiert, wie sie sich das wünscht. Da können schon andere Kinder sein, die die Frau zu versorgen hat, mangelnder Schlaf, körperliche Anstrengungen, Berufstätigkeit, die Last der Verantwortung, ein Kind in sich zu tragen, zu nähren, zu schützen, gesund leben zu müssen trotz all der Umweltbelastungen etc., all dies kann das Gefühl der Unzulänglichkeit bzw. Überforderung stärken.

In Vorbereitungskursen erleben wir manchmal Frauen, deren Wunsch, alles richtig machen zu wollen, sie zu schier übermenschlichen Anstrengungen zwingt. Die Kehrseite dieses Perfektionsdranges stellen nicht selten schlechtes Gewissen und Schuldgefühle dar. Die Frauen plagt dann der Eindruck, es reiche nicht aus, was sie tun oder was sie sind. Sie müssen noch öfter mit dem Baby im Bauch sprechen, dürfen keine Träne vergießen, damit das Kind nicht bereits im Mutterleib frustriert wird, müssen regelmäßig Gymnastik machen, müssen, müssen, müssen.

Die Einstellung zum eigenen Körper bietet ein weiteres mögliches Konfliktfeld, ein oberflächlich betrachtet typisch weibliches Phänomen. Selten finden sich Frauen wirklich richtig schön. Einigen gelingt dies gerade in der Schwangerschaft, andere können die drastischen Veränderungen ihres Körpers kaum ertragen. Entweder sie finden sich selbst hässlich mit dem dicken Bauch und den großen Brüsten, oder aber sie befürchten, für den Partner unattraktiv zu sein. Stellen sich zu allem Unglück auch noch Pickel, Krampfadern, Schwangerschaftsstreifen, Wassereinlagerungen oder Ähnliches ein, scheint manchen kein Versteck mehr sicher genug, in das sie sich am liebsten verkriechen würden. Scham spielt hinein, auch wenn es schwer nachvollziehbar erscheint, schließlich wird immer stillschweigend vorausgesetzt, jede Frau müsse einfach stolz sein auf ihr schwangeres Aussehen. Dem ist nicht so.

Gesellschaftlich hat sich an der Einstellung zu Schwangerschaft wenig geändert. Betrachten wir, wie schwangere Frauen sich früher kleideten, wird deutlich, wie störend dieser sichtbar gewordene Ausdruck der Sexualität empfunden wurde: Der Bauch wurde kaschiert, versteckt. Besonders für sehr junge, ältere oder allein stehende Frauen muss dies eine große Belastung gewesen sein. Jeder konnte sehen, dass sie »so was« tut. Heute darf eine Frau ihren Bauch zwar zeigen, dies ist jedoch nicht damit gleichbedeutend, dass sie das auch will.

Schamgefühle betreffen darüber hinaus weit mehr als das Sichtbarwerden eines schwangeren Bauches. Häufig tauchen sie im Zusammenhang mit gynäkologischen Untersuchungen auf, spätestens aber mit der Geburt, wenn wechselndes Personal die Frau vaginal untersucht, jemand anwesend ist, während sie abführt, etc. Dies ängstigt viele Frauen auch schon im Vorfeld (Was ist mit meiner Intimsphäre, bin ich nicht total ausgeliefert, behalte ich meine Würde?).

Im Zusammenhang mit Scham und dem Annehmen des eigenen Körpers steht selbstverständlich die Sexualität (in der deutschen Sprache ist das bedauernswerterweise so angelegt: Schamhaare, Schamlippen). In unserem christlich geprägten gesellschaftlichen Umfeld wie auch in Regionen, in denen andere Glaubensrichtungen bestimmend sind, wird Sexualität ausschließlich als Geschlechtsverkehr zum Zwecke der Zeugung eines Kindes verstanden. Da liegt es nahe, dass manche Menschen sich schämen, wenn sie sich über die engen Grenzen hinaus wagen, womöglich gar mit Lust. Aus Fortbildungen zum Thema Sexualität in der Schwangerschaft und nach der Geburt wissen wir, dass sich das bis heute nicht gravierend geändert hat, trotz der »sexuellen Revolution«, die angeblich stattgefunden hat. In der Sexualität bestehen nach wie vor Unsicherheit und Hemmungen, obschon die Medien jede erdenkliche Spielart aufgreifen und ihren Möglichkeiten entsprechend aufbereitet präsentieren. Dies jedoch hat weniger mit Sexualität als vielmehr mit Quotendruck zu tun. Denn gut scheint es den meisten Menschen mit ihrer Sexualität trotz alledem nicht zu gehen.

Wenn wir von Sexualität sprechen, meinen wir selbstverständlich den gesamten Bereich von lustvollem Sein mit Körper, Geist, Seele und allen Sinnen, ob mit oder ohne Partner.

Schwangerschaft und Geburt sind immer ein sehr sexuelles Thema, nicht nur, weil es um denselben Körperbereich geht, sondern weil das Sichöffnen, Sichhingeben, Loslassen so wichtig sind – genau wie in der befriedigenden Sexualität. Schafft es die Frau, sich im Alltag auf den Prozess des Loslassens einzulassen, stehen die Chancen gut, dies auch bei der Geburt zu können.

Grundsätzlich reagiert jede Frau anders auf die Schwangerschaft. Durchaus überprüfenswert ist die Mär von der sexuellen Lustlosigkeit der Frauen während dieser Zeit. Unterschiedliche Ursachen können, wenn es denn der Fall sein sollte, hierfür verantwortlich sein, möglicherweise die Unbeweglichkeit und Schwerfälligkeit, vielleicht die Müdigkeit, vielleicht aber war Sex mit dem Partner einfach langweilig, so dass sich gut darauf verzichten lässt. Andere Frauen fühlen sich dermaßen weiblich, potent und vor Kraft strotzend, dass sie Sex genießen, wollen, brauchen. Findet sie damit bei ihrem Partner befriedigende Resonanz, empfehlen wir den Verzicht auf sämtliche Blütenessenzen.

Weiblichkeit und Mütterlichkeit, Sexualität und Schwangerschaft können für Frauen zueinander im Widerspruch stehen, besonders unter Einbeziehung ihrer Liebesbeziehung und der Einstellung ihres Partners zu beidem. Betrachten wir einen Begriff wie »Vollblutweib«, dann ist damit wohl eine Frau gemeint, die ihr gesamtes Potential zum Einsatz bringt. Sie ist stark, verführerisch, sexy, frech, wild, was man auch immer in den Begriff hineininterpretieren mag. Stellt man das Wort »Vollblutmutter« dagegen, verändert sich das Bild. Fürsorglich und liebevoll darf sie schon sein, aber erotisch? Zwischen diesen beiden Polen bewegt sich vielleicht eine Frau, die Mutter wird oder ist. Wie wäre eine Mischung aus beidem? Wo dieser innere Zwiespalt besteht, existiert zwar ein Problem, aber auch die Chance, mit Hilfe von Blüten zur Ganzheit zurückzukehren. Umfeld, moralische, gesellschaftliche Hintergründe und auch die Erlebnisse mit der eigenen Mutter oder anderen weiblichen Vorbildern bestimmen die innere Einstellung mit. Analog übertragen lässt sich all das Gesagte auf den potentiellen inneren Konflikt Mann-Vater.

Dicht geknüpft an Weiblichkeit und Mütterlichkeit ist für viele Frauen auch die Frage der Berufstätigkeit. Für jeden Menschen findet irgendwann im Leben eine Identitätssuche statt, bei der es darum geht, was jemand aus seinem Leben macht und wie es gestaltet werden soll. Nicht wenige Männer entwickeln relativ schnell eine berufliche Perspektive und daraus wiederum eine berufliche Identität, die sich anschließend kaum mehr ändert. Für Frauen stellt sich das anders dar. Sie kalkulieren ein, irgendwann auch Mutter zu werden und damit ihren beruflichen Weg zu unterbrechen, sich evtl. umzuorientieren oder sogar ganz aus dem Berufsleben auszuscheiden. »Moderne Frauen« versuchen, alles unter einen Hut zu bringen, Alleinerziehende müssen es sogar.

Meist ab dem 35./40. Geburtstag kommt dann ein Innehalten und Reflektieren, ob das jetzt alles gewesen sein soll. Ausgelöst oder begleitet wird dieses Überdenken des eigenen Lebensweges nicht selten von wichtigen biographischen Ereignissen wie schweren Krankheiten, Tod der Eltern oder anderen Verlusterlebnissen. An dieser Stelle entsteht nicht selten ein Kinderwunsch bei jenen Frauen, die bisher die persönliche Priorität in der Karriere sahen, während bei den anderen der Wunsch aufkommt, aus der Familie auszubrechen bzw. sich endlich wieder um den Beruf zu kümmern. Oft geraten Frauen in diesem Alter unter einen enormen Druck, weil sie ihre biologische Uhr ticken fühlen. Kinderkriegen wird zum Stress, manche geraten derart in Not, das Thema endlich zu bewältigen, dass sie letztlich überhaupt nicht schwanger werden können.

Sehr viele Probleme, die sich in der Schwangerschaft stellen können, beeinflussen natürlich auch die Geburt, manches setzt sich noch danach fort. Die Schwierigkeit bis Unfähigkeit, im rechten Moment einfach loslassen zu können, kann zu sich lange hinziehenden Geburten führen, weil der Muttermund sich nicht öffnen kann vor lauter Angst und Anspannung. Eine Variante desselben sind Stillprobleme, wenn die Milch einfach nicht fließen kann. Auf die Geburt bezogen äußern Frauen hauptsächlich:

- ✓ Angst vor Schmerzen und Komplikationen
- ✓ Angst vor körperlichen Verletzungen (Kaiserschnitt, Dammschnitt)
- ✓ Angst, die Kontrolle zu verlieren, sich zu blamieren und damit verbunden auch ihre Würde verletzt zu sehen
- ✓ Angst zu versagen und verurteilt zu werden
- ✓ Angst vor Abhängigkeit und Ohnmacht, Verlust der Eigenständigkeit
- ✓ Angst, allein zu sein
- ✓ Angst vor dem Krankenhaus

Betrachtet man die Routine bei Krankenhausgeburten, so sind die genannten Befürchtungen durchaus berechtigt. Darin liegt unter anderem der Grund, warum immer mehr Frauen oder Paare eine freie Hebamme wählen, die die Geburt begleitet und die Wünsche aller Beteiligten berücksichtigt.

Die Qualitäten und Einsatzmöglichkeiten der Blütenessenzen

Apfel – Malus domestica

Stichworte
Leichtigkeit, Beweglichkeit, Ganzheit, Schönheit

Kurzbeschreibung
Für müde, träge und schwerfällige Menschen; steigert Motivation und sowohl körperliche als auch mentale Energie

Porträt der Pflanze

Der Apfelbaum gehört zu den Rosengewächsen. Er ist ein kleiner bis mittelgroßer Baum, wird zwischen 10 und 15 m groß und erinnert von seiner Silhouette her an die Form seiner Früchte. Der bei uns so beliebte Kulturapfelbaum, der in vielen Gärten anzutreffen ist, liebt unser gemäßigtes Klima, er ist, außer in den kalten Regionen der Erde, in Züchtung und/oder Wildform weltweit verbreitet. Ursprünglich entstand er aus verschiedenen Wildformen, von denen eine einheimische, nämlich der Holzapfel (Crab Apple), bereits als Bachblütenessenzen Verwendung fand, die Übrigen stammen aus dem asiatischen Raum. Die Blüte fällt in den April und Mai, die fünf weißen Blütenblätter sind auf der Außenseite oft rosa getönt, was von der Signatur her auf eine Verbindung von Herz und Inspiration hinweist. Der Apfelbaum gehört zu den ältesten von Menschen genutzten Bäumen überhaupt. Er ist relativ anspruchslos, was die Bodenbeschaffenheit betrifft, allein Frost mag er nicht, denn dieser zerstört die Blüten und damit die Fruchtbildung. Die Sammelzeit der Früchte ist sortenabhängig zwischen August und Oktober.

Hintergrundinformation

Der Frucht des Apfelbaums wird seit jeher große Symbolkraft zugeschrieben, sie spielt eine tragende Rolle in Legenden, Märchen (beispielsweise als vergifteter Apfel in *Schneewittchen*), Religion (siehe Martin Luthers Spruch vom Pflanzen eines Apfelbäumchens) und Politik (zum Beispiel als Reichsapfel). Im keltischen Baumhoroskop sind die Tage vom 23. Dezember bis 1. Januar und die vom 25. Juni bis 4. Juli die Tage des Apfelbaums, der für die in diesen Zeiträumen Geborenen eine besondere Bedeutung besitzt. Im Heilpflanzenhoroskop gilt der 31. Dezember als Geburtstag der Apfelbaummenschen.

Altes Volkswissen sagt, dass der Apfelbaum unter dem besonderen Schutz der Götter steht, da er von Blitz und Donner nicht getroffen wird. Wenn die Helden ins Walhalla eintreten, wird ihnen zuerst ein Apfel geboten, der ihnen ewige Schönheit, Kraft und Jugend garantieren soll.

Bedeutung hat der Apfel in der Mythologie allerdings auch als »Zankapfel«: König Peleus lud zu seiner Hochzeit mit der Meeresgöttin Thetis alle Göttinnen und Götter ein. Darunter befand sich auch die Göttin der Zwietracht. Diese tat, was sie tun musste: Sie warf einen goldenen Apfel mit der Aufschrift »Der Schönsten« in die bis dahin noch fröhliche Versammlung. Da nun jede der anwesenden Göttinnen sogleich Anspruch darauf erhob, war schnell der größte Zank im Gange. Als schließlich Venus den Apfel bekam, waren die übrigen Göttinnen bereits so aufgebracht, dass ihre Feindschaft großes Unheil, unter anderem den Untergang Trojas, brachte. Offenbar spielt der Apfel auch seine Rolle beim Thema Eitelkeit und deren Kränkung.

Steinalt ist der Apfelbaum im wahrsten Sinne des Wortes: Von Archäologen gefundene und untersuchte Speisereste aus der Steinzeit deuten darauf hin, dass der Apfel bereits damals der Ernährung der Menschen diente. Der wilde Apfel war seit Alters her in Deutschland und Europa beheimatet, durch Veredelung mit von den Römern aus Asien mitgebrachten Reisern entstanden Hunderte von köstlichen Sorten, eine Vielfalt, die heute allerdings bedauerlicherweise wieder auf nur wenige »handelsfähige« Sorten geschrumpft ist. Einige Freunde des Apfelbaums dagegen inspiriert diese Normierung der Natur, in ihren eigenen Gärten wenigstens einem Teil der Vielfalt das Überleben zu sichern.

In der Naturheilkunde verschreibt man gerne Apfelmost oder auch Apfelwein zur Reinigung, Kräftigung und Umstimmung des gesamten Organismus. Beide sind gut verträglich, appetitanregend und verdauungsfördernd, der Vitamin-C-Gehalt bietet Infektionsschutz. Husten und Heiserkeit, Fieber, Steinkrankheiten und Gicht wurden früher mit zubereiteten Äpfeln, beispielsweise gebratenen, als Tee oder als Saft behandelt.

Noch im vergangenen Jahrhundert pflegten Familien die Sitte, zu jeder Geburt dem Kind einen Apfelbaum, sozusagen als Lebensbaum, zu pflanzen. Die Kinder lernten, für »ihren« Baum Verantwortung zu übernehmen, so dass er zu ihrem Erwachsenwerden beitrug. Zudem zog man aus der Art seines Wachstums und aus seinem Gesundheitszustand Rückschlüsse auf das Leben »seines Kindes«. Heute wird dieser Brauch nur noch von wenigen betrieben. Wie schade!

Fruchtbarkeit ist ein weiteres Thema, das mit dem Apfel assoziiert ist, so heißt es, dass nach einem Jahr, das reichhaltige Apfelernte brachte, im folgenden viele Jungen geboren werden, während eine reiche Birnenernte auf Mädchengeburten schließen ließ.

Porträt der Blütenessenz

Allgemein

Apfelblütenessenz besitzt Yang-Charakter, steht also für die »männliche« Form der Energie. Apfelblütenessenz steht auch für das Umsetzen von Gedanken in eine Form, so können Gedanken an Ärger und bittere Erlebnisse sich als energetisches Ungleichgewicht im Körper niederschlagen. Solche Gedanken sind häufig das Ergebnis der Überzeugung, es fehle etwas, um glücklich zu sein, was wiederum verhindert, dass man seiner eigenen Ressourcen überhaupt gewahr wird. Das Vertrauen dagegen, dass es von allem, was man benötigt, nicht nur ausreichend, sondern gar im Überfluss gibt, legt die Grundlage für die Rückkehr in einen energiereichen Zustand. Die durch Energiemangel verursachte Schwerfälligkeit weicht einer durch Optimismus vermittelten Leichtigkeit.

Diese Blütenessenz lässt sich gut bei längerfristigen Störungen einsetzen, bei lang anhaltender Verstimmung und Verbitterung, bei Unzufriedenheit mit sich selbst, mit dem eigenen Körper und vor allem der Haut. Die auf das Negative ausgerichtete Perspektive kann sich in Affektionen von Stirn- und Kiefernhöhlen auswirken, auch auf die Ohren. In solchen Fällen ist es angezeigt, die Apfelessenz von einem/r erfahrenen Blütenbehandler/in austesten zu lassen, um organische Störungen, die ärztliche Behandlung erfordern, ausschließen zu können.

Besonders günstig für die äußere Anwendung ist der Punkt 3 des Herzmeridians, er wird auch als Punkt der Freude am Leben bezeichnet. Ansonsten hat die Apfelessenz sowohl zum Konzeptions- als auch zum Gouverneursgefäß eine Beziehung.

Persönlich

Wenn Sie sich schwer und schwerfällig fühlen, müde und desinteressiert, abgeschlafft und träge und irgendwie überfordert, dann könnten Leichtigkeit, Lust und

Optimismus als energetische Qualitäten Ihnen wieder zu mehr Lebendigkeit und Spaß am Leben verhelfen. Genau diese Qualität bringt Ihnen die Apfelessenz durch ihre spezifische Energie, die Sie förmlich neu auflädt und Ihnen damit gleichzeitig mehr geistige und körperliche Beweglichkeit verschafft.

Der Apfel hilft Ihnen, rund oder ganz zu werden – haben Sie dem widersprechende innere Überzeugungen, verhilft Ihnen der Apfel, diese als nicht den Tatsachen entsprechend zu erkennen: Sie entdecken Ihren inneren Reichtum und Ihre äußere Schönheit. Die mit der Apfelessenz zurückgewonnene Ganzheit und Lebendigkeit ist Stimulans für Ihr Immunsystem. Der inneren Ausgeglichenheit folgt die körperliche Gesundheit. Lebensfreude, Lust an Körperlichkeit und Bewegung und auch auf Sex können durch die Apfelessenz angeregt werden. Der Apfel symbolisiert Ganzheit, Vollkommenheit, Schönheit und Energie, er hilft Ihnen, sich selbst anzunehmen und schön zu finden – Ihrem Partner übrigens auch. Die Apfelblüte versöhnt Sie auch mit Ihren inneren männlichen Anteilen.

Bezug zu Schwangerschaft und Geburt

- ✓ Erleichtert die körperliche Umstellung zu Beginn der Schwangerschaft
- ✓ Lässt zu den eigenen Wünschen und Bedürfnissen stehen und hilft bei deren Verwirklichung
- ✓ Transformiert eine negative Erwartungshaltung
- ✓ Den sich verändernden Körper annehmen und schön finden können; sich wohl fühlen können; Bewegung genießen; Lust an körperlichen Erfahrungen
- ✓ Hilft bei innerem Ungleichgewicht während der Schwangerschaft, das sich auf der körperlichen Ebene, zum Beispiel als Störung des Wasserhaushalts, bemerkbar macht
- ✓ Bei Energiemangel, Langeweile, Müdigkeit und mentalen Durchhängern; schafft Motivation
- ✓ Bei Schwierigkeiten, richtig durchatmen zu können
- ✓ Nach der Geburt, um körperlich schnell wieder ins Lot zu kommen und sich wohl zu fühlen

Birne – Pyrus communis

Stichworte
Innerer Frieden, Mutterschaft

Kurzbeschreibung
Bringt inneren Frieden in Situationen, in denen man befürchtet, die Kontrolle zu verlieren; lässt in sich ruhen; tröstende, mütterliche Essenz; Sorgenblüte

Porträt der Pflanze

Der Birnbaum gehört zu den Rosengewächsen. Er wird bis zu 20 m hoch, Blütezeit ist April und Mai. Die Blüten erscheinen in Büscheln, besitzen fünf Blütenblätter von weißer Farbe, die zwischen 1,5 und 2,5 cm lang werden. Sie öffnen sich bereits, bevor sich die Blätter vollständig entfaltet haben. Birnbäume benötigen nährstoffreichen, lockeren Boden, der gut durchlüftet wird. Die Form des Baumes deutet wie beim Apfelbaum die Form der Früchte an.

Hintergrundinformation

Der ganz normale Gartenbirnbaum, gewachsen in einem ganz normalen Garten in ländlicher Umgebung, dient zur Herstellung der Birnenblütenessenz – und bringt als solche erstaunliche Heilerfolge zuwege. So zeigt sie uns, dass die Pflanzen, die in unserer unmittelbaren Umgebung wachsen – auch kultivierte –, ebenso spirituelle und heilerische Energien besitzen wie die allgemein bevorzugten Wildpflanzen, vorausgesetzt, sie werden liebevoll behandelt und nicht mit Hilfe der Giftspritze traktiert. Ursprünglich stammt der Birnbaum wahrscheinlich aus dem asiatischen Raum, er wurde aus der Holzbirne gezüchtet, die Dornen trägt und hier und da auch heute noch für die Wildfütterung gepflanzt wird. Ebenso wie beim Apfelbaum gibt es unzählige Varianten, die leider nur noch in einzelnen privaten Gärten gepflegt werden, weil ihre Früchte irgendwelchen festgelegten EU-Normen für den Verkauf nicht entsprechen.

Die Holzbirne, die wie bereits erwähnt heute noch als Wildfutter Verwendung findet, diente bereits zur Steinzeit den Menschen als Nahrungsmittel, wie Forscher anhand von Funden von Speiseresten belegen konnten. Birnen wirken blutreinigend, desinfizierend und harntreibend. In der Mythologie war der Birnbaum für das Abnehmen von Sorgen zuständig, man konnte ihm im Gebet seine Sorgen, Gebrechen und Krankheiten abgeben oder ihm gar körperliche Ausscheidungsprodukte durch Löcher in der Rinde übergeben, dies sollte zum Beispiel eitrige Geschwüre heilen. Symbolisch steht der Birnbaum für Reinheit und selbstlose Liebe. Er wurde früher zur Geburt eines Mädchens gepflanzt, dessen erstes Badewasser an den Stamm des Baumes gegossen wurde, um sich des Schutzes und der Sorge des Baumes für das Mädchen zu vergewissern.

In Gertrude Jobes *Dictionary of Mythology, Folklore and Symbols* wird der 17. August als Geburtstag der Birnbaumkinder genannt, die gemäß dem traditionellen Horoskop zum Sternzeichen Löwe zählen.

Porträt der Blütenessenz

Allgemein

Die Birnenblütenessenz ist zuständig für den inneren Frieden. Sie wird also dann eingesetzt, wenn dieser gestört ist, also in Zeiten inneren Aufgewühltseins, bei emotionaler und/oder körperlicher Krise. Aus diesem Grund ist diese Blüte auch Bestandteil unserer Notfallmischung (siehe Seite 117 f.). Sie bringt das innere Gleichgewicht zurück, wenn es aus dem Lot geraten ist. Das kann durch jede tatsächliche Notsituation geschehen, wie Unfall, Krankheit oder auch eine Geburtskomplikation sie herbeiführen kann. Das kann aber ebenso gut durch Grübelei oder unablässiges Sichsorgen hervorgerufen werden. Kennzeichnend für eine »Birnenindikation« ist in jedem Fall die übergroße nervale Spannung, die sich bis zur Panik steigern kann.

Neben der beruhigenden und friedenbringenden Eigenschaft in Notsituationen und dem Loslassen drückender Sorgen soll noch die besondere Bedeutung der Birnenblütenessenz für schwangere und gebärende Frauen betont werden. Sie erleichtert zum einen Erstgebärenden die Annahme der neuen sozialen und psychologischen Rolle als Mutter – schließlich handelt es sich dabei um eine umwälzende Neudefinition der eigenen Identität. Zum anderen wirkt sie deutlich ausgleichend und harmonisierend, wenn die Schwangere unbewusst etwas »zum Kotzen« findet, wenn sie das Kind vielleicht ablehnt, die Partnerschaft nicht in Ordnung ist oder die finanzielle Absicherung zum Leben für eine weitere Person einfach fehlt. Es liegen mittlerweile sehr viele Berichte über die positive Wirkung der Birnblütenessenz bei scheinbar unaufhörlichem Schwangerschaftserbrechen vor.

Die Essenz wirkt also zentrierend und bietet verletzlichen und in Not bis Panik befindlichen Menschen Schutz und inneren Halt. Sie beruhigt übermäßige Erregbarkeit und lindert Verspannungen im Beckenbereich. Ähnlich wie die Apfelblütenessenz ist sie ein großer Energielieferant, allerdings besitzt sie Yin-Charakter, steht also für »weibliche« Energie, was einige Hebammen während ihrer Erforschungszeit dazu veranlasst hat, beide Blüten obligatorisch gemeinsam jeder der von ihnen betreuten Schwangeren zu geben.

Denkbar ist der Einsatz dieser Blüte nicht nur beim Konflikt um die eigene Mutterschaft, sondern auch bei solchem mit der eigenen Mutter, bei Unverständnis für die Probleme ihrer Tochter (bei Mutter-Sohn-Konflikten ist eher Rosmarin angezeigt, siehe Seite 90 ff.) und egozentrischer Sichtweise, wenn sie wenig Verständnis für ihr Kind, die jetzt Schwangere, aufbringt und es mit seinen Wünschen und Bedürfnissen wie von einer unsichtbaren Gummiwand immer wieder von sich, ob gewollt oder nicht, ob bewusst oder nicht, abprallen lässt. Auch bei Groll auf die allzu narzisstisch veranlagte Mutter, die ihre Kinder als ihr persönliches Werk betrachtet, als Subjekt eigener Erfüllung, als Spielzeug und/oder Mittel zum Zweck benutzt und für ihre Grandiosität Dankbarkeit und Unterwerfung erwartet. Will sich die Tochter endlich abnabeln und eine erweiterte Perspektive des Verhältnisses zu ihrer Mutter erreichen, kann die Birnenblüte das Mittel der Wahl sein.

Im umgekehrten Fall, wenn die Tochter ihrer Mutter keinerlei Verständnis entgegenbringt, sich von ihr belästigt und bedrängt fühlt und die (guten) Absichten ihrer Mutter nicht von deren Handlungen zu trennen vermag, kann die Birne das schiefe Bild vielleicht ebenfalls wieder zurechtrücken.

Persönlich

Sind Sie vielleicht genervt, weil Sie nicht mehr all das tun können, wonach Ihnen der Sinn steht, weil Ihnen bei allen Vorhaben die Gedanken an das Baby durch den Kopf gehen? Würden Sie gerne ein Glas Wein trinken, verbieten es sich aber und sind Ihrem Kind insgeheim böse deswegen? Oder trinken Sie den Wein und haben dabei ein schlechtes Gewissen? Fühlen Sie sich eingeschränkt, empfinden Sie die Schwangerschaft wie eine Zwangsjacke? Versuchen Sie es doch mal mit Birnblütenessenz, sie kann Sie mit Ihrer jetzigen Situation versöhnen.

Helfen kann sie Ihnen auch, wenn Sie sich andauernd Sorgen machen wegen Gift im Essen, Radioaktivität und Ozonalarm und darüber, ob Ihr Kind das alles unbeschadet übersteht. Oder weil es Ihnen nicht gelingt, mit dem Rauchen aufzuhören – Rauchen ist sicher schädlich für das Ungeborene, ein permanent schlechtes Gewissen aber sicherlich auch. Vielleicht quält Sie Schlaflosigkeit, weil Ihr Arzt Ihre drängenden Fragen entweder gar nicht oder unzureichend oder nur mit diesem merkwürdigen Gesichtsausdruck beantwortet hat, nur weil Sie in irgendeiner Zeitschrift Furcht erregende Artikel über Missbildungen gelesen haben oder alle Welt Ihnen erzählt, wie schrecklich es ihr während der Schwangerschaft oder – schlimmer noch – bei der Geburt erging. Vielleicht packen alle Sie in Watte, schieben Ihnen andauernd Stühle unter und geben Ihnen das Gefühl, behindert zu sein und nicht richtig mitmachen zu dürfen, auch wenn Sie sich durchaus in der Lage dazu fühlten. Und dann haben Ihre finsteren Visionen Sie fest im Griff und lassen Sie nervös werden, hektisch und unsicher. Ein typischer Fall für die Birnenblüte. Diese kann Ihnen die Angst nehmen und die Ruhe zurückgeben, Ihnen helfen, Ihr Kind anzunehmen wie Ihre neue soziale Rolle. Und sie kann Ihnen den inneren Frieden bringen, wenn Sie schier zu zerspringen glauben vor Furcht, ja vor Panik, wenn Sie meinen, das alles kaum noch aushalten zu können und vollkommen aus Ihrer Mitte geraten sind. Oder wenn Sie sich des Engagements Ihres Partners nicht sicher sind, auch wenn er Ihnen immer wieder das Gegenteil versichert. Oder wenn Sie fürchten, der jetzigen Situation und dem Kommenden nicht gewachsen zu sein, der Verantwortung, der körperlichen Inanspruchnahme – überhaupt allem!

Mag sein, Ihnen bereitet Ihre eigene Mutter Probleme, die alles viel besser weiß, schließlich hat sie ihre Erfahrung schon längst gemacht und lässt Sie das auch wissen. Womöglich mehr als einmal. Und Sie könnten beinahe verrückt werden, wenn Sie immer wieder »Ich will doch nur dein Bestes« oder Ähnliches hören. Dann hilft Ihnen die Birnenblüte, die Beine hochzulegen, sich auszuruhen und zu entspannen. Soll die Welt doch denken, was sie will, jetzt geht es mal nur um Sie selbst und darum, dass es Ihnen gut geht, Sie sich wohl fühlen und die beste Art herausfinden, wie Sie mit Ihrer Schwangerschaft und dem Mutterwerden umgehen können.

Bezug zu Schwangerschaft und Geburt

- ✓ Erleichtert zu Beginn der Schwangerschaft, Mutterschaft und Mutterrolle zu akzeptieren
- ✓ Kann eingesetzt werden, wenn innere, möglicherweise unbewusste Ablehnung der Schwangerschaft besteht

- ✓ Lindert Schwangerschaftserbrechen
- ✓ Lindert ständige Sorgen um mögliche Erkrankungen oder Missbildungen des Kindes
- ✓ Beruhigt während Geburtskrisen; wichtiges Stressmittel
- ✓ Lindert Angst und Panik; Angst durchzudrehen; Angst vor Kontrollverlust
- ✓ Beruhigt inneres Aufgewühltsein, wenn man sich hilflos und verletzlich fühlt
- ✓ Hilft bei der Erholung von der Geburt

Borretsch – Borago officinalis

Stichworte

Hoffnung, Mut zum Leben, Trauer verarbeiten

Kurzbeschreibung

Bringt Mut und Zuversicht in Lebenssituationen, in denen man zu Depressionen neigt, sich kraftlos fühlt, keinen Ausweg mehr sieht; bringt bei Kummer und im Herzen wahrgenommenem Schmerz Erleichterung

Porträt der Pflanze

Borretsch ist eine einjährige rauhaarige Pflanze, die bis zu 60 cm hoch wachsen kann. Die Blätter sind wechselständig, oval und bis zu 10 cm lang. Die Blütenstände bestehen aus vielen Einzelblüten, die an 2 bis 4 cm langen Blütenstielen nickend herabhängen. Jede Blüte besitzt fünf tiefblaue Kronblätter. Blütezeit ist von Mai bis September. Verbreitet im gesamten Mittelmeerraum bevorzugt der Borretsch nährstoffreiche Böden an Wegrändern, Weinbergen und Unkrautbeständen. Bei uns in Deutschland wächst er kultiviert als Gewürzkraut oder zur Zierde in den Gärten.

Hintergrundinformation

Im Falle des Borretsch wurden intuitiv charakteristische Namen gewählt, die das Wesen dieser Pflanze in seiner Essenz treffen: Herzblümlein, Himmelsstern, Augenzier und Herzfreude. Patricia Kaminsky und Richard Katz, die Gründer der kalifornischen Flower Essence Society, berichten, dass der botanische Name dieser Pflanze früher »Corago« lautete, wobei der Wortstamm »cor« das lateinische Wort für Herz ist, aus dem »courage« abgeleitet wurde; Mut, der aus dem Herzen kommt.

Borretsch stammt aus Vorderasien und wurde wahrscheinlich von Arabern nach Südeuropa gebracht. Wer sich mit der biodynamischen Gartenbaumethode auskennt, weiß, dass bestimmte Pflanzen sich gegenseitig vor Schädlingen schützen, woraus sich beispielsweise Empfehlungen ableiten, zwischen jede Reihe Möhren eine mit Zwiebeln zu pflanzen oder Pfefferminze zwischen Tomatenpflanzen zu setzen. Borretsch nun geht gut zusammen mit Erdbeerpflanzen, wobei es sicher nicht uninteressant ist zu erfahren, dass Erdbeeren für die Würde und das Rückgrat des Menschen stehen – beides wird durch Borretsch als Blütenessenz gestützt und geschützt.

Borretsch ist eine alte Heilpflanze, als Inhaltsstoffe hat er Schleime, Stärke, Gerbstoffe, Saponine, Flavonoide und Mineralien aufzuweisen. Daraus entwickelten sich Anwendungen bei hitzigen und Entzündungskrankheiten sowie zur Blutreinigung. Darüber hinaus schreibt ihm die Naturheilkunde positive Wirkungen bei Gicht, Herpes, Husten und Lungenblähung, bei Masern, Ödemen und Steinerkrankungen zu. In der Homöopathie findet Borretsch Verwendung als Mittel bei Depressionen und nervösen Herzbeschwerden. Im Haushalt schließlich nimmt man das Gurkenkraut gerne als Gewürz für Salat und Gemüse.

Porträt der Blütenessenz

Allgemein

Borretsch ist Balsam für das Herz, seine Blütenessenz bringt Lebensfreude und Mut in verzagte Herzen zurück, auch wenn die Umstände einen niederdrücken. Seine Thematik ist der Umgang mit Trauer und Depression. Das Gefühl, auf das seine Heilschwingung einwirkt, ist das der Niedergeschlagenheit, Traurigkeit, Mutlosigkeit und das von Kummer. Man fühlt sich nicht kräftig genug, weitere Herausforderungen des Lebens anzugehen, denn was man bisher erlebte oder gerade im Moment durchmacht, reicht aus, einem alle Hoffnung auf Besserung zu nehmen. Die Lebenslust und die Motivation sind einem verloren gegangen, und man fühlt sich außerstande, aus eigener Kraft das Schicksal wieder in den Griff zu bekommen.

Die Blütenessenz des Borretsch lässt einen vor allem durch verbesserte Atmung wieder Energie gewinnen. Dies ist etwas, wovor manche Menschen, die Schlimmes durchmachen, sich fürchten, denn wer den Atem anhält, fühlt nicht so viel. In einem finsteren Raum mit verdächtigen Geräuschen dämpft wohl jeder seine Atemtätigkeit – zum einen, um selbst nicht bemerkt zu werden, zum anderen, um nicht von aufsteigender Angst überwältigt zu werden. Ähnlich verhält sich jemand, bei dem Borretsch positive Resonanz auslösen kann: Er fürchtet sich vor dem, was er mit Mühe im Bauchraum festhält, und atmet deshalb nicht dort hinein. Dies kostet allerdings eine Menge Kraft, die diesem Menschen dann natürlich fehlt, daher die Antriebslosigkeit.

Schmerz und Trauer über Träume, die sich nicht erfüllten, über Menschen, die man verlor, über Rückschläge, die man unter allen Umständen zu vermeiden trachtete, sie müssen angenommen und verarbeitet werden, wenn sie nicht endlos in einem weiterrumoren und einem die Lebenskraft rauben sollen. Man kommt an der Trauer nicht vorbei (es sei denn zu einem hohen Preis in Form von verminderter Lebensqualität), man muss hindurch, auch wenn es wehtut und Zeit kostet.

Borretsch ist daher eine geeignete Essenz für Menschen, die erfahren mussten, dass sich aus medizinischen Gründen ihr Kinderwunsch niemals erfüllen wird, für Frauen, deren Schwangerschaft mit einer Fehlgeburt endet, und für solche, deren Kind von ihnen geht, bevor es so recht auf der Erde heimisch geworden ist. Borretsch macht nichts ungeschehen, er nimmt auch nicht den Schmerz und die Tränen. Er hilft aber, den Schmerz und die Tränen annehmen zu können, zu ihnen zu stehen, auch wenn die Umwelt von einem Tapferkeit verlangt und alles tut, um gerade vom Schmerz abzulenken. Er hilft, gleichsam durch die Tränen hindurch, in die Zukunft schauen zu können, zu erkennen, dass es seine Zeit brauchen wird, bevor man wieder fröhlich sein kann, aber auch, dass diese Zeit nicht ewig dauern wird.

Borretschblütenessenz besitzt eine Heilschwingung, die dem Akupunkturmeridian der Lunge recht angemessen ist, kann also bei dessen energetischer Unterversorgung gegeben werden. Seine Wirkung auf depressive Zustände macht sich am schnellsten bei Gabe über den Akupunkturpunkt 7 des Lungenmeridians bemerkbar.

Persönlich

Was ist passiert? Wovor haben Sie solche Angst? Wissen Sie es, oder ist es Ihnen unerklärlich? Ist es das Neue, das auf Sie unweigerlich zukommt, das Unbekannte, das Sie unsicher werden lässt? Oder könnte es etwas Bekanntes sein, ein Schicksalsschlag, der Ihnen soeben versetzt wurde und Ihnen allen Mut nimmt? Sind Sie insgeheim und uneingestanden bereit, sich ohne Gegenwehr auszuliefern – wem es auch sei, dem Schicksal, der Depression, dem verständnislosen Partner? Weil Ihnen Kraft und Mut fehlt, sich jetzt noch aufzulehnen?

Was die Borretschblütenessenz Ihnen vermitteln will, ist: Es gibt immer einen Ausweg! Wenn Sie sich deprimieren lassen, was übersetzt nichts weiter heißt als niederdrücken, dann ist Ihr Blick auch nach unten gerichtet, dorthin, wo alles schrecklich und negativ ist, wo man eben »am Boden liegt«. Borretsch hilft Ihnen, den Kopf zu heben und anderes in Ihre Sicht einzubeziehen. Dieses »Kopf hoch« kommt nicht von außen wie eine dieser vielen Phrasen, mit denen Ihre Freunde und Ihre Familie Sie vielleicht trösten wollen und die Sie schon lange nicht mehr hören können. Dieses »Kopf hoch« kommt durch diese Blütenessenz von innen, als eigener Impuls, als Lust, tief durchzuatmen und dafür die Luftwege frei zu machen, die Sie zuvor durch Sinkenlassen des Kopfes verengt hatten. Und mehr Luft bedeutet wieder mehr Energie, mehr Kraft, es doch noch einmal zu versuchen. Dies kombiniert mit Ihrer neuen Sichtweise ist es, was Hoffnung macht und Mut und Ihnen hilft, besser durch alle schweren Zeiten zu kommen. Und nicht zu vergessen: Borretsch bringt auch das Vertrauen in Ihre eigene Kraft, die Situation zu bewältigen.

Wann immer Sie niedergeschlagen sind und sich nicht im Vollbesitz Ihrer Kräfte fühlen, können Sie es mit Borretsch versuchen. Er lässt sich auch mit jeder anderen Blüte wunderbar kombinieren und somit genau auf Ihren jeweiligen Zustand fein abstimmen.

Bezug zu Schwangerschaft und Geburt

- ✓ Bei depressiven Zuständen
- ✓ Wenn man sich schwer und niedergedrückt fühlt
- ✓ Bei Zukunftsängsten
- ✓ Hilft, Herausforderungen anzunehmen
- ✓ Als Trost bei Unfruchtbarkeit
- ✓ Als Trost bei Verlust eines geliebten Menschen
- ✓ Als Trost bei Fehl- oder Totgeburt
- ✓ Bei Vermeidung und Verdrängung von Trauer
- ✓ Bei Atembeschwerden, Einschnürungsgefühl rund um den Hals
- ✓ Bei Wochenbettdepression
- ✓ Zur Unterstützung des Heilprozesses

Bougainvillea – Bougainvillea speciosa

Stichwort
Kontakt zum Kind

Kurzbeschreibung
Das innere Kind spüren, sich mit ihm aussöhnen, es annehmen; gibt Sicherheit, Geborgenheit, Vertrauen; lernen, wieder denken und fühlen zu können wie ein Kind

Porträt der Pflanze
Die Bougainvillea gehört zur Familie der Wunderblumengewächse (Nyctaginaceae) und ist eine Kletterpflanze, die bisweilen auch Drillingsblume aufgrund der drei Hochblätter genannt wird. Benannt nach dem französischen Seefahrer Bougainville, der sie aus ihrer ursprünglichen Heimat Ostbrasilien mitbrachte, ist sie heute eine der bekanntesten und beliebtesten Zierpflanzen des Mittelmeerraumes.

Die Bougainvillea klettert mit Hilfe stark gekrümmter Sprossdornen. In jungen Jahren bildet sie Hecken, später kann sie ganze Hauswände überziehen. Die Blätter sind wechselständig und ei- bis lanzettförmig. Die augenfälligen Blüten bestehen in Wirklichkeit aus dem so genannten Schauapparat aus drei Hochblättern, deren Färbung von leuchtend rot bis violett reicht und die quirlig am Sprossende erscheinen. Die Basis dieser Hochblätter ist mit der eigentlichen, schmal röhrenförmigen weiß-gelblichen Blüte verwachsen. Die kleinen Blüten sind im Vergleich zu den Hochblättern relativ unscheinbar, sie besitzen über einem rückgebildeten Kelch die blassgelbe Kronröhre mit sieben bis acht Staubblättern. Aus den Fruchtknoten bildet sich eine birnenförmige Frucht. Die Bougainvillea ist eine ausgesprochen wärmeliebende Pflanze, sie gedeiht am besten in voller Sonnenbestrahlung.

Porträt der Blütenessenz

Allgemein

Die einzige Blütenessenz aus einer »Tropenpflanze« wurde in Spanien hergestellt. Dort beeindruckt dieser Busch mit seinen überwältigend leuchtenden Blüten, einer Farbe irgendwo zwischen Rot und Magenta. Mit uns haben bereits andere Blütenfreunde die Kräfte der Bougainvillea zur Herstellung von Blütenessenzen genutzt, auf Hawaii, in der Wüste Arizonas und im Himalaya – hier haben wir es jedoch mit einer europäischen und uns damit näher stehenden Blüte zu tun.

Die Heilpraktikerin Penny Medeiros aus Hawaii beschreibt diese Blüte so: »Bewusstheit der Magie, der Schönheit und des Wunders des Lebens. Für höhere Inspiration, Begeisterungsfähigkeit und Zielgerichtetheit.« Als Wüstenpflanze ist ihre Aufgabe, körperlich entspannend zu wirken, das Hören nach innen zu fördern und den Atem los- und damit frei fließen zu lassen. In Indien benutzt man sie zur Meditation und Festigung der inneren Bindung mit der spirituellen Bestimmung.

Die europäische Bougainvillea hat sicherlich von allen genannten Eigenschaften ein wenig in sich, die Anwendung hat jedoch gezeigt, dass man bei der Beschreibung dieser Essenz noch präziser sein kann. Die Bougainvillea ist nicht geheimnisvoll, sondern ganz offen und mitteilsam mit vielen kindlichen Attributen. Sie eignet sich sowohl für »reale« als auch »innere« Kinder. Sie spricht das Kind der Gegenwart genauso an wie das Kind, das wir in der Vergangenheit einmal waren, das Kind, das getröstet und gewiegt werden will, geschützt und gefördert, das sich aber auch überschäumend freuen und hemmungslos lachen kann, frei von all den Blockaden des »sollte« und »müsste«, die wir Erwachsenen immer dann bemühen, wenn die Angst uns von irgendetwas abhält und wir eine Reihe »vernünftiger« Begründungen finden, nur um nicht unseren Hemmungen und unserer Angst zu begegnen.

Das innere Kind erkennt die Magie und das Wunderbare ganz einfach im Alltag. Es muss für seine Abenteuer nicht fremde Länder erobern, seine Abenteuer finden immer im Hier und Jetzt statt und sei es im Sandkasten. Das innere Kind, wenn wir es nur wahrnehmen und achten, hilft uns, vergessene Erlebnisebenen zu erreichen. Wann immer wir ein wenig von kindlicher Unschuld brauchen können, um uns leichter und weniger ernst zu fühlen, kann Bougainvilleaessenz nützlich sein. Wenn wir also das Staunen und das Sich-faszinieren-Lassen verlernt haben.

Eine andere Seite zeigt das Kind, das sich hilflos und verletzlich vorkommt und Schutz und Geborgenheit benötigt, das sich für alle Zeiten verlassen wähnt, wenn

Doldiger Milchstern – Ornithogalum umbellatum

Stichwort
Schmerz loslassen

Kurzbeschreibung
Bei Schreck, Schock und Trauma Linderung der Folgen; verhilft zu Ganzheit, Integration aller Persönlichkeitsanteile und Erfahrungen

Porträt der Pflanze

Der Doldige Milchstern ist eine eher seltene Lilienart und bevorzugt stickstoffreichen, lockeren Lehmboden. Doch wo er einmal wächst, siedeln sich schnell gleich mehrere seiner Art an. Die Blütenstiele werden etwa 10 cm lang und enden mit doldigen Blütenständen aus mehreren weißen, sechsblättrigen Blüten. Die Blütenblätter besitzen einen rückseitigen grünen Streifen. Die Blütezeit ist im Mai und Juni. Bei Nacht und bei bedecktem Himmel schließt die Pflanze ihre Blüten.

Hintergrundinformation

Aus astrologischer Sicht besitzt der Doldige Milchstern besondere Bedeutung für die am 12. Mai Geborenen.

Seinen englischen Namen Star of Bethlehem erhielt er aufgrund der Tatsache, dass er auf den Feldern Palästinas und Syriens besonders üppig wächst, woher er auch ursprünglich stammt. Dort blüht die Pflanze bereits zur Weihnachtszeit, während sie in Mitteleuropa erst im Mai zur Blüte kommt.

Porträt der Blütenessenz

Allgemein

Von allen Blüten hat der Doldige Milchstern eine der deutlichsten Signaturen. Aus dem englischen Namen dieser altbekannten Bachblüte lässt sich die Wirkung bereits ablesen: Star of Bethlehem. Diese Blüte hat eine derart leuchtend weiße, reine

Ausstrahlung, dass sie einem auch über große Entfernungen noch mitten ins Herz strahlt. Dieses Strahlen weist uns den Weg aus der Not. Es besitzt enorme Energie und Heilkraft. Diese bezieht die Blüte aus ihrer Einfachheit und Ganzheit. Wenn man eine solche Pflanze ruhig und aufmerksam betrachtet, hält man es für ganz und gar ausgeschlossen, dass sie jemals in Not geraten könnte. Ihre spezifische Art der Ganzheit, Reinheit und Unschuld lässt sich leider nicht in Worte fassen, die nicht kitschverdächtig wären. Diese Pflanze wirkt auch kraftvoll auf Menschen, die nichts mit feinstofflichen Behandlungen zu tun haben wollen, denn sie spricht etwas Ursprüngliches in uns an, etwas, das wir alle, ob religiös oder nicht, als verborgenes Wissen in uns tragen und nur entdecken und erblühen lassen müssen. Wer sich seelisch einlässt auf eine Begegnung mit dieser Pflanze, erspürt sofort die beruhigende und ermutigende Kraft ihrer Schwingung. Die Wirkung einer solchen Essenz ist schwer zu erfassen, aber eines ist sicher: Sie ist geschaffen für uns.

Der Doldige Milchstern bietet uns *die* Geburtsblütenessenz. Sie erleichtert die Geburt, nimmt die Angst davor und mildert die negativen Erfahrungen vergangener Geburten ab. Zur Verarbeitung des persönlichen Geburtstraumas kann sie (nur in einem therapeutischen Setting mit fachkundiger Betreuung) auf den Bauchnabel gegeben werden. Gefahrlos kann dies bei Neugeborenen getan werden, um das Trauma der Geburt quasi gleich an Ort und Stelle zu bearbeiten. Darüber hinaus lässt der Doldige Milchstern pur auf den Nabel der Babys getupft diesen schneller abheilen.

Eine weitere Anwendungsmöglichkeit der Essenz ist die zur Narbenentstörung. Jede Narbe kann (muss aber nicht) den Fluss feiner Energien, wie wir sie aus der Akupunktur kennen, stören und damit die Lebensqualität insgesamt. Für die Entstörung anderer Narben als solcher, die bei einer Geburt entstanden, kommen weitere Blütenessenzen in Frage, bei den hier gemeinten hat sich der Doldige Milchstern als unübertroffen herausgestellt.

Persönlich

Sie sind ganz starr vor Schreck oder vor Schmerz, mag dieser körperlicher oder seelischer Natur sein. In diesem Augenblick, in dem Ihnen ein Unglück zustößt, verlieren Sie vielleicht die Kontrolle über Ihr Denken und Handeln und fühlen sich dem Geschehen ausgeliefert. Dabei muss das, was geschieht, gar nicht unbedingt mit Ihnen persönlich zu tun haben: Es kann Ihrer Freundin, es kann auch jemandem ganz Fremden widerfahren. Doch die Schockwelle, die von einem Schicksalsschlag ausgeht, kann auch Sie erfassen, und in Ihrem Kopf läuft ein dramatischer

Film ab, in dem Sie selbst und nicht jemand anderer plötzlich die Hauptrolle spielen.

Ein Schockerlebnis lässt sich nie wieder rückgängig machen, Sie können nicht so tun, als wäre nichts passiert; es hat sich Ihnen eingeprägt und Sie zu einem anderen Menschen gemacht. Sie können dies mit dem Lesenlernen vergleichen: Wenn es erfolgt ist, können Sie nicht mehr an einem Straßenschild vorbeigehen und so tun, als könnten Sie die darauf geschriebenen Worte nicht lesen. Einigen Menschen aber gelingt es, nachdem sie eine Notsituation überstanden haben, daraus zu lernen und Nutzen zu ziehen. Man findet sie beispielsweise in Selbsthilfegruppen, und manchmal werden sie sogar zu Helfern und Therapeuten für andere, die Ähnliches erlebt haben. Ihre eigene Erfahrung prädestiniert sie dafür, von Menschen in Not als Helfer akzeptiert zu werden.

Und genau dies könnte der Doldige Milchstern für Sie sein: ein Helfer in der Not. Es muss ja nicht immer gleich so dramatisch sein, was geschieht. Sie selbst können entscheiden, ob eine Situation für Sie ein Notfall ist oder nicht, kein anderer Maßstab kann Ihnen hier weiterhelfen als Ihr eigener. Dann bringt Ihnen der Doldige Milchstern Frieden, Trost, Stütze und nach einiger Zeit auch den inneren Abstand, den man erst wirklich gewinnen kann, wenn das Vorgefallene tatsächlich verarbeitet ist. Stellen Sie sich diese Blüte vor wie einen hellen Stern am Himmel, der Ihnen einen Ausweg zeigen kann, der Hoffnung und Mut macht. Und wenn Sie beides brauchen, können Sie stellvertretend zur Blütenessenz greifen.

Bezug zu Schwangerschaft und Geburt

- ✓ Zur Linderung von jedem möglichen Schreck während der Schwangerschaft, zum Beispiel bei der Nachricht, dass das Kind nicht ganz gesund sei
- ✓ Bei Verletzung des Herzens
- ✓ Zur Linderung des Traumas der eigenen Geburt
- ✓ Linderung möglicher Traumen vorangegangener Geburten; wenn die Schwangere sehr ängstlich und voller Befürchtungen ist
- ✓ Bei akuter Angst vor der Geburt
- ✓ Lässt durch Traumen blockierte Energie wieder fließen
- ✓ Bei jeder denkbaren Notsituation zur Überbrückung der Zeit, bis medizinische Hilfe eintrifft
- ✓ Während der Geburt, um gelassener zu werden

- ✓ Für das Baby gleich nach der Geburt, wenn diese schwierig und/oder lang andauernd war
- ✓ Zur Entstörung der Dammschnittnarbe
- ✓ Zum Trösten nach dem Verlust des Kindes
- ✓ Bringt Motivation weiterzuleben
- ✓ Bei Angst vor Sex nach traumatischer Geburt

Drüsentragendes Springkraut – Impatiens glandulifera

Stichwort
Geduld

Kurzbeschreibung
Bringt innere Ruhe, wenn man sich leicht getrieben und gehetzt fühlt, wenn man vor Ungeduld leicht aufbraust

Porträt der Pflanze
Das Drüsentragende Springkraut stammt ursprünglich aus Indien und wurde als Gartenpflanze nach Europa gebracht. Da es sich aber durch kaum etwas aufhalten lässt, begann es schon zu Zeiten Dr. Bachs zu verwildern. Diese Springkrautart bevorzugt feuchte Standorte, vor allem Flussufer. Diese wuchernde Pflanze wird bis zu 2 m hoch mit aufrechten Stängeln, gesägten Blättern und Blüten, die in den Blattachseln in Trauben von bis zu zwanzig Blüten erscheinen.

Hintergrundinformation
Dies ist vermutlich die erste Blütenessenz überhaupt, die von Edward Bach hergestellt wurde. Er entdeckte ihre Heilschwingung Ende 1928 auf seinen ausgedehnten Wanderungen durch Wales, interessanterweise im Herbst, als die Blütezeit bereits vorüber war. Das Aufspringen der Samenkapseln gab ihm den entscheidenden Hinweis auf Heilqualitäten der Blüte, die er dann im folgenden Sommer zum ersten Mal zubereitete.

Diese Pflanze entstammt ursprünglich dem asiatischen Raum und wurde im Englischen als Himalayan oder Indian Balsam bezeichnet. Erst nach Edward Bachs Entdeckung ihrer Eignung für die Herstellung einer Blütenessenz begann sich in England der botanische Name »Impatiens« aufgrund seines Gleichlautes mit »impatience«, Ungeduld, durchzusetzen.

Porträt der Blütenessenz

Allgemein

Es fällt sicher schwer zu glauben, dass diese wunderschöne Blütenpflanze von vielen Menschen für Unkraut gehalten wird, das stets droht, die Zier- und Nutzgärten heimzusuchen und daher so schnell wie möglich ausgerottet werden muss. »So schnell wie möglich« ist das Stichwort für das Drüsentragende Springkraut. Jedes »Unkraut« hat seine eigenen besonderen Feinde – sie müssen etwas repräsentieren, das genau diese Feinde reagieren lässt. Das Drüsentragende Springkraut setzt sich durch, es schafft Platz für sich selbst, es überwuchert andere Pflanzen und verdrängt sie. Ulkigerweise sind dies häufig auch die Eigenschaften, die viele seiner unermüdlichen Bekämpfer auszeichnen.

Der Mensch vom Typus Drüsentragendes Springkraut ist ungeduldig, steht unter Spannung und Dampf, und wenn jemand sein Tempo nicht mit- oder aushalten kann, dann wird er überrollt. Dies mag der Grund dafür sein, dass Edward Bach seine Impatiens-Essenz unter die Rubrik »Einsamkeit« einordnete. Schließlich wenden sich die Mitmenschen schnell von solchen ab, die ewig hektisch und ungeduldig sind und in fremde Angelegenheiten eingreifen, weil sie glauben, sie besser und schneller erledigen zu können. Besserwisserei gepaart mit Ungeduld macht nicht gerade einen angenehmen Zeitgenossen aus.

Da gibt es beispielsweise Eltern, die ihre Kinder viel zu früh zu Leistungen antreiben, die diese noch gar nicht erbringen können, berichten vielleicht voller Stolz, dass sie selbst ganz schnell die Sache mit dem Töpfchen beherrschten oder Ähnliches. Auf diese Weise »vererben« diese Eltern den Druck, unter dem sie selbst stehen, sogleich an ihre Kinder weiter. Andere kritisieren Kinderzeichnungen, weil das Haus ja gar keine Tür hat oder sonst irgendwie nicht perfekt ist. Sie übersehen, dass ihre Kinder tatsächlich perfekte Menschen sind: Sie tun das Beste, was sie können. Das Ergebnis dieser Überforderung ist dann leider häufig, dass die Kinder den Spaß am Malen oder an sonstigen Tätigkeiten verlieren, weil ihnen immerzu nur mitgeteilt wird, wie wenig sie diese beherrschen.

Interessanterweise fielen uns in letzter Zeit kilometerlange Streifen des Drüsentragenden Springkrauts entlang von Autobahnen auf. Es siedelt sich offenbar genau dort an, wo es benötigt wird, nämlich wo Stress und Ungeduld beherrschend sind – also genau das, was es zu lindern und beruhigen in der Lage ist.

Persönlich

Die Lektion dieser Springkrautart (nicht zu verwechseln mit dem Echten Springkraut) lautet: Lass los, lass es seinen eigenen Gang gehen, versuche nicht, alles unter Kontrolle zu halten, entspanne dich! Denn sollten Sie den inneren Druck aufstauen, werden Sie nicht umhin kommen, ihn auf irgendeine Art wieder herauszulassen. Und damit das nicht in Jähzornexplosionen geschieht, lernen Sie Zuschauen und Akzeptieren. Viele Dinge werden besser, wenn man ihnen Zeit zur Reife lässt, und das gilt nicht nur für Wein, sondern auch für uns Menschen.

Bezug zu Schwangerschaft und Geburt

- ✓ Spannungs- und Stressblüte, hilft zu entspannen
- ✓ In jeder Phase der Schwangerschaft bei Ungeduld
- ✓ Bei innerem Perfektionismus (alles muss entweder unter totaler Kontrolle durch medizinische Apparate stehen oder im Gegenteil: Alles muss ganz einfach, natürlich und ideal ablaufen)
- ✓ Bei ständigem Kontrollzwang; nicht loslassen können
- ✓ Wenn man sich keine Zeit zum Ausruhen gönnen kann
- ✓ Wenn das noch ungeborene Kind es zu eilig hat, also Frühgeburt droht, oder die Geburt so stürmisch verläuft, dass die Frau keine Gelegenheit findet, sich wirklich darauf einzustellen
- ✓ Bringt Geduld bei sich lange hinziehenden Geburten
- ✓ Lässt bewusster und deutlicher wahrnehmen, was im und mit dem eigenen Körper geschieht

Echtes Springkraut – Impatiens noli-tangere

Stichwort
Urvertrauen

Kurzbeschreibung
Den eigenen Wert erkennen; Lob aushalten und annehmen können; Misstrauen ablegen und Vertrauen lernen; Nähe zulassen können

Porträt der Pflanze

Das Echte Springkraut ist natürlich nicht »echter« als die Schwesterpflanze, die Drüsentragendes Springkraut genannt wird, es ist nur einfach anders, und es hat seine Heimat bei uns in Europa, während das Drüsentragende von englischen Seefahrern aus Indien mitgebracht wurde.

Diese Springkrautart bevorzugt schattige Standorte, bei uns in Deutschland kommt es recht häufig vor, besonders gerne in Wäldern. Die Pflanze wird nicht so groß wie Dr. Bachs bevorzugte Art (Impatiens), sie begnügt sich mit einer Größe zwischen 30 und 60 cm. Die Blüten sind hängend, von leuchtendem Gelb mit feinen roten Tupfen auf der Innenseite. Der botanische Name »noli-tangere« bezieht sich auf die Eigenschaft der Samenkapseln, bei Berührung oder Erschütterung ihre Samen bis zu mehrere Meter weit von sich zu schleudern. In manchen Gegenden nennt man sie deshalb auch Kräutlein Rührmichnichtan, ein Name, den wir für die Bezeichnung der Essenz verwarfen, weil er mancherorts auch für Mimosen (Mimosa pudica) verwandt wird.

Porträt der Blütenessenz

Allgemein

Das Stichwort, das sich zu merken lohnt, da es die Aufgabe dieser Blütenessenz so präzise beschreibt, lautet: Urvertrauen. Wer diese Lektion lernt, weiß, dass ihm die ganze Welt zur Verfügung steht, er ist voller Zuversicht, das zu bekommen, worauf er ein Recht besitzt – aber keines, das er zuvor durch Leistung oder anders erwerben muss, sondern das ihm zusteht, weil er existiert. Dies ist eine Erfahrung, die als erste aller Erfahrungen Neugeborenen und Kleinkindern zukommen sollte und ihnen doch leider so oft versagt bleibt. Ein Säugling darf alles: schreien, pinkeln, sich erbrechen, Nächte hindurch nerven, alle Aufmerksamkeit der Welt verlangen und erst recht alle Liebe. So entwickelt er das Gefühl, wichtig zu sein, ein natürliches Lebensrecht zu besitzen und Ansprüche stellen zu dürfen. Diese Erfahrung ist notwendig, denn nur, wer erfährt, wertvoll zu sein durch das Sein und nicht nur durch das Tun und Leisten, ist später in der Lage, abzugeben, sein Ego und seine Bedürfnisse auch einmal zurückzustellen, zum Beispiel bei eigener Elternschaft, sich nicht in jedem Fall durchsetzen zu müssen. Wer es nicht erfährt, leidet stetig an Neid und dem Gefühl, zu kurz zu kommen, vom Schicksal bestraft zu werden, sich alles erkämpfen zu müssen (»Man bekommt halt nichts geschenkt.« oder »Von nichts kommt nichts.«). Wer jedoch grundsätzlich seinen Wert kennt, braucht nichts zu befürchten, wenn er einmal nachgibt oder nur Zweiter wird. Die Blütenessenz des Echten Springkrauts ist insbesondere für Menschen geeignet, denen diese Erfahrung, geliebt zu werden um seiner selbst willen, fehlt. Sie haben ihre Wertlosigkeit oft derart verinnerlicht, dass sie Lob für Lüge halten und Komplimente mit dem Gedanken »Was will der damit bei mir erreichen?« quittieren.

Springkrautessenz lässt tief innen das Wissen reifen, dass alles, was auch immer man braucht, im Überfluss vorhanden ist, also auch und gerade für einen selbst – im Materiellen wie im Ideellen. Die Blüte des Springkrauts erinnert an ein Füllhorn. Lässt man die Existenz dieses Füllhorns zu, kann man sich reich beschenken lassen, bezweifelt oder verneint man sie, geht man entsprechend leer aus.

Diese Blüte ist auch geeignet, einem zu helfen, alle Enttäuschungen und Rückschläge zu überwinden, die man in der Liebe erfahren musste. Jede Zurückweisung und jeder Vertrauensbruch, den man erlebte, erhöht die innere Barriere, die einen vom Annehmen von Liebe zurückhält. Bei jeder neuen Begegnung und Annäherung zweier Menschen wird dann diese Barriere als böse Erinnerung wieder aktiviert und hält einen von dem fern, nach dem man sich sehnt. Das einstige Vertrauen, das sich in Misstrauen verwandelte, kann aber mit Hilfe dieser Blütenessenz zurückgewonnen werden.

Diese Essenz kann Mischungen beigegeben werden, wenn mangelnde Zuversicht in die eigene Heilung den Gesundungsprozess verlangsamt oder zum Erliegen bringt (und man der Meinung ist, Arzt/Hebamme/Blütenberater hört nur zu, weil er/sie dafür bezahlt wird, nicht aber, weil man es wert ist). Wir haben mit Echtem

Springkraut auch gute Erfahrungen bei der äußerlichen Anwendung gemacht, beispielsweise wenn jemand eine Massage nicht annehmen kann und sich verkrampft.

Persönlich

Und so spricht Sie das Echte Springkraut an: Möchten Sie einmal Lob annehmen können, ohne gleich abzuwiegeln? Können Sie es gut aushalten, wenn jemand Ihren Wert für die Gemeinschaft betont, oder sind Ihnen Sprüche wie »Das war doch nichts!« und »Aber an dieser oder jener Stelle hätte ich mir mehr Mühe geben können!« sehr geläufig, weil sie Ihnen nur allzu schnell über die Lippen gehen? Doch eigentlich ist dies ja eine Form der Abwehr von Zustimmung – Abwehr, wo Annahme, ja Freude und Stolz angemessener wären. Sie wehren sich nicht gegen Angriffe, sondern gegen Menschen, die es gut mit Ihnen meinen. Erwarten Sie vielleicht insgeheim doch einen Angriff, rechnen mit Falschheit, Verlogenheit und Hinterlist? Nicht bewusst, sondern ganz tief im Unbewussten, nur als innerer Impuls spürbar? Schützen Sie sich so massiv, dass nicht einmal Positives Sie erreichen kann?

Was Ihnen da zu fehlen scheint, ist die Gewissheit, dass Sie es wert sind, so angenommen, so gelobt und so geliebt zu werden, wie Sie nun einmal sind. Sie brauchen Vertrauen darin, dass Ihr Dasein hier auf der Erde sinnvoll ist und wichtig und einzigartig und dass Ihnen eine Menge Aufmerksamkeit und Liebe zusteht.

Mit dieser Blütenessenz können Sie das Annehmen lernen, das Zulassen, das Sich-berühren-Lassen. Echtes Springkraut macht offen für die Geschenke, die die Natur und Ihre Mitmenschen für Sie bereithalten.

Bezug zu Schwangerschaft und Geburt

- ✓ Den eigenen veränderten, sich verändernden Körper schön finden (oder bei Männern: den der Partnerin)
- ✓ Nach traumatischer Erfahrung des Vertrauensmissbrauchs
- ✓ Bei Unklarheit, ob das Kind ausgetragen werden soll
- ✓ Bei innerem Widerstand gegen das Austragen des Kindes, obwohl die Entscheidung dafür bereits gefallen ist
- ✓ Bei Abneigung gegen Sex in der Schwangerschaft und auch danach
- ✓ Wenn die Schwangere sich isoliert
- ✓ Wenn die Frau sich gegen Berührung wehrt, ohne den Grund dafür zu kennen
- ✓ Liebe annehmen können
- ✓ Bei Selbstzweifeln

- ✓ Bei übertriebenem Sicherheitsbedürfnis
- ✓ Stärkt das Selbstwertgefühl
- ✓ Wenn die Frau das Kind nicht annehmen kann
- ✓ Wenn bezüglich der Zukunft nur negative Gedankenmuster, pessimistische Erwartungshaltung besteht (à la Murphy: Alles, was schief gehen kann, geht auch schief – allerdings nur bei denen, die daran glauben)
- ✓ Bei grundlosem Pessimismus
- ✓ Angst vor Zukunft und Verantwortung
- ✓ Zuversicht und Vertrauen, wenn das Kind kurz vor dem errechneten Geburtstermin sich noch in der Steißlage befindet
- ✓ Bei Schmerzen unter der Geburt durch innere Verkrampfung
- ✓ Um dem Neugeborenen nach möglicherweise traumatischer Geburt das Zurechtfinden im Leben zu erleichtern
- ✓ Hilft dem Baby beim »bonding« (wie der Mutter die Birnenblüte)

Granatapfel – Punica granatum

Stichwort
Das Weibliche annehmen

Kurzbeschreibung
Hilft, die weibliche Seite der Persönlichkeit zu akzeptieren und auszuleben; dient bei Identitätskrisen sowohl Frauen wie Männern

Porträt der Pflanze
Ursprünglich stammt der Granatapfelbaum aus Vorderasien, heute gilt er als typischer Baum des Mittelmeerraumes. Er kann bis zu mehreren Metern hoch werden, aber auch als Zwergbaum beispielsweise in Kübeln gezogen werden. Als Frucht- oder Zierbaum wurde er kultiviert, er hat sich aber auch verwildert in Hecken und auf Ödland angesiedelt. Seine Blätter sind ledrig derb und gegenständig, stehen sich also gegenüber. Die Blüten sind 3 bis 4 cm lang und von einem feurigen Rot, sie erscheinen an den Enden der Zweige zwischen Mai und August. Die Früchte werden groß wie Orangen und sind etwas säuerlich.

Hintergrundinformation
Der Granatapfelbaum wird schon seit Jahrtausenden als besonders wertvoll verehrt. Nicht nur in der Bibel gibt es zahlreiche Hinweise auf ihn, auch in ägyptischen Grabstätten findet man gezeichnete Hinweise und in einigen aus der Zeit Ramses IV. sogar getrocknete Früchte.

Jahrhundertelang galt der Granatapfel im Mittleren Osten als Symbol der Göttin und der Fruchtbarkeit. Frauen, die wissen wollten, wie viele Kinder sie gebären würden, schleuderten reife Granatäpfel mit aller Kraft auf den Boden. Sie glaubten, die Zahl der herausfallenden Samen entspräche der Zahl ihrer künftigen Kinder. Einen ähnlichen Brauch gab es in verschiedenen Ländern Lateinamerikas, wobei die zwei Hälften eines durchgeschnittenen Granatapfels mit Honig bestrichen, nach dem Hineinlegen eines Zettels mit dem Namen der sich Kinder wünschenden

zen; am günstigsten sind die Tage zwischen Sommersonnenwende und dem Johannistag. Am 21. Juni feierten unsere Vorfahren das Sonnenwendfest und schmückten die Altäre mit den gelben Blüten des Johanniskrautes. Man wand Johanniskrautkränze für sich selbst, die man nach dem Fest über das Hausdach warf, was das Haus und seine Bewohner das kommende Jahr hindurch beschützen und vor allem Unheil bewahren sollte. Glück und Gesundheit sollten mit dieser symbolischen Handlung sichergestellt werden. Jener heidnische Brauch hielt sich tatsächlich auch noch in christlichen Zeiten, indem der Kranz, ins Fensterkreuz oder in eine Stubenecke gehängt, als Schutz vor Unglück galt. Blieb die grüne Farbe des Krautes »zufällig« das ganze Jahr hindurch erhalten, bedeutete dies außerordentliches Glück für die Bewohner des Hauses. Um besonders wirkungsvoll zu sein, war es Vorschrift, das Kraut am Johannistag um 12 Uhr mittags in vollkommenem Schweigen, ohne nach rechts oder links zu schauen, zu pflücken. Wer sich daran hielt und das Kraut anschließend bei sich trug, war nicht nur gegen Kugel- und Stichverletzungen gefeit, sondern errang zudem Liebe und Freundschaft derjenigen, denen er zu gefallen versuchte. Aus diesem Grund wurde die Pflanze sogar »Liebeskraut« genannt. In Tirol soll es noch heute den Brauch geben, Johanniskraut als Schutz und Muntermacher auf weiten Wanderungen in die Schuhe zu legen. Mythologie und Folklore, wie sie in Gertrude Jobes Buch beschrieben und zusammengefasst werden, bezeichnen Johanniskraut als die schützende Pflanze für die am 29. Juni Geborenen.

In der Volksheilkunde sind einige Kräuter bekannt, denen die Kraft zugeschrieben wird, den Teufel in die Flucht zu schlagen. Ein alter Vers lautet beispielsweise: »Dosten, Hartheu, weiße Heid', thun dem Teufel alles Leid.« Hält man die kleinen Blättchen der Pflanze gegen das Licht, kann man durchsichtige Punkte erkennen. Der Legende nach sind dies die Male der Nadelstiche des Teufels, welche der Pflanze keinen ernsten Schaden zufügen konnten – in Wirklichkeit aber die sichtbaren Öldrüsen sind, die das aromatisch riechende Öl produzieren. Paracelsus interpretierte diese Eigenart der Pflanze so: »In solchem will ich euch diese Declaration geben, dass die Löcherung, so porosisch in seinen Blättern sind, anzeigen, dass dies Kraut zu aller Öffnung inwendig der Haut, auch auswendig ein Hilf ist.« Was, wie sich zeigte, sowohl für Johanniskrautöl als auch für die Essenz zutreffen sollte.

Der Überlieferung zufolge ließ Herodias, Gattin des Statthalters Herodes, Sohn Herodes des Großen und Fürst von Galilea, den Widersacher ihres Mannes, Johannes den Täufer, ermorden, weil dieser dessen Schandtaten öffentlich in Predigten kritisiert hatte. Außer sich vor Wut geriet sie, als ihre Tochter Salome zu Ehren ihres

Vaters auf einem Fest tanzte und hierbei die Schmähungen des Johannes in tänzerische Bewegung umsetzte. Sie ließ sich Johannes' Haupt in einer Schüssel bringen und geriet bei diesem Anblick dermaßen in Rage, dass sie die »böse Zunge« des Kontrahenten kurzerhand mit einer goldenen Haarnadel durchstach. Das herausspritzende Blut fiel zur Erde und brachte eine Blume hervor, die der ewigen Erinnerung an diesen Mord und der Warnung vor dem Bösen überall dienen sollte, vor allem aber jenen, die einsam und ohne Hilfe waren. Das Blut des Johannes fließe durch die Adern dieser Pflanze, wurde behauptet, was sich allein daran zeige, dass rote Flüssigkeit beim Zerreiben der Blätter aus der Pflanze austritt. Letztendlich half der Mord am Kritiker dem Herrscherpaar allerdings nicht mehr, denn die Kunde von dessen unrühmlichen Lebenswandel war bereits bis nach Rom gedrungen, wo man beschloss, den unwürdigen Herrscher abzusetzen und nach Gallien zu verbannen. Überall dort, wo dunkle Mächte walteten, brachte Johanniskraut Licht und Sonne und Aufklärung in dunkle Machenschaften. Aber nicht nur das, sogar Aufklärung des Himmels sollte in der Macht des Krautes stehen, was den Ruf erklärt, den man aus dunklen Gewitterwolken vernommen zu haben glaubte: »Ist denn da keine alte Frau, die da weiß vom Hartenau, dass es das Gewitter stau?«

Naturheilkundlich kann Johanniskraut bei Erkrankungen der Leber eingesetzt werden, als Tee, der über einen längeren Zeitraum getrunken werden muss. Er wird stimmungsaufhellend bei Niedergeschlagenheit bis hin zu Depressionen eingesetzt. Darüber hinaus kennt man ihn als Mittel gegen Menstruationsbeschwerden, gegen Bettnässen der Kinder, gegen Magendrücken und Kopfschmerzen, Rheuma und Hexenschuss. Als öliger Auszug verwendet man Johanniskraut äußerlich gegen alle möglichen Verletzungen, auch Brand- und Sonnenbrandverletzungen, Schürfungen und Quetschungen. Johanniskrautöl wirkt schmerzstillend und entzündungshemmend bei Neuralgien, Zerrungen, Ischias und Hexenschuss. Johanniskrauttinktur dagegen wird als alkoholischer Auszug hergestellt und dient als Erste-Hilfe-Mittel bei nervlichen Erschütterungen und Schocks.

Porträt der Blütenessenz

Allgemein

Johanniskrautessenz ist dann angezeigt, wenn man innerlich so blockiert ist, dass man keine Hilfe annehmen kann. So kann sie als öffnende Essenz verwendet werden, wenn man bemerkt, dass man einem Hilfsangebot misstraut. Manch schlechte Erfahrung mag eine solche Haltung verhärtet haben lassen. Johanniskraut ist Träger von (»männlicher«) Yang-Energie und öffnet darüber hinaus die betreffende Person für die Aufnahme dieser Energie. Wo Johanniskraut als Tee oder Öl im stofflichen Sinne jemanden für die Sonneneinstrahlung offen machen kann (was im schlechten Fall bis zum Sonnenbrand führen kann), öffnet die Essenz für die energetische Qualität der Sonne. Kurz: Johanniskrautessenz bringt mehr Sonne ins Leben, hilft, dunkle Bereiche auszuleuchten, und bringt Sicherheit. Schüchternen bis eingeschüchterten, ängstlichen, mit Erwartungsängsten belasteten Menschen gibt Johanniskraut die innere Sicherheit, die sie zur Bewältigung schwieriger Situationen benötigen. Es ist für furchtsame, unsichere, leicht irritierbare, zurückhaltende Menschen geeignet, oft sind dies blasse, hellhäutige, blonde Menschen, die häufig an Hautproblemen leiden. Möglich ist aber auch die Anwendung bei sonst eher starken Persönlichkeiten, die angesichts einer Herausforderung mit ungewissem Ausgang Zukunfts- oder Erwartungsängste entwickeln, weil sie eben nicht wissen, was auf sie zukommt. Daher ist es ein Mittel, das Erstgebärenden Mut und Zuversicht geben kann, während bei Frauen, die bereits die Erfahrung des Gebärens gemacht haben und die sich vor einer weiteren schwierigen Geburt fürchten, eine Kombination mit dem Doldigen Milchstern angezeigt ist.

Johanniskrautessenz hilft bei jenem grummelnden Gefühl im Bauchraum, das Bedrohungen anzeigt, das durch Unverdautes oder Unverdauliches erzeugt werden kann und Angst macht. Zum Beispiel auch die Angst im Dunklen bei Kindern, die bei geschlossener Kinderzimmertür nicht schlafen können und/oder ins Bett machen, obwohl sie aus dem Alter eigentlich schon heraus sind. Äußerlich angewendet kann Johanniskrautessenz in eine Creme oder ein Öl oder auch pur auf den Bauch gegeben werden. Sie beruhigt und stabilisiert das Sonnengeflecht (Solarplexus), bringt Ruhe und Sicherheit.

Persönlich

Da mag der Kopf noch so sehr beteuern, dass alles in Ordnung ist – was nützt es, wenn das Herz und der Bauch ganz anderes wahrnehmen? Der Arzt sagt zwar, alles sei, wie es sein soll, aber kann man da wirklich hundertprozentig sicher sein? Und hat er nicht so merkwürdig seine Stirn gerunzelt bei der Ultraschalluntersuchung? Mag es einen guten Grund geben oder nicht, dieses unsichere Gefühl im Bauch besteht, diese ängstliche Erwartungshaltung, die durch keine guten Worte abzuschwächen ist. Da ist einfach keine innere Sicherheit – nur Angst. Angst vor irgendetwas, das man gar nicht richtig fassen kann. Angst vor dem Morgen, Angst, allein zu sein, Angst im Dunklen oder auch im neonhell erleuchteten Krankenzimmer.

Angst, verlassen zu werden, keinerlei Unterstützung zu erhalten, Angst, dass vielleicht alles ganz anders wird als erwünscht und erhofft.

Geht es Ihnen so? Reagieren Sie auf beruhigendes Zureden vielleicht sogar noch aufgeregter? Glauben Sie keinem Menschen, was er oder sie auch sagt, fühlen Sie sich hintergangen, im Stich gelassen? Spüren Sie dieses merkwürdige Gefühl im Bauch, das sich anfühlt wie Leere, Hunger, sich aber beim ersten Bissen in Übelkeit verwandelt?

Johanniskraut beruhigt. Zuerst im Sonnengeflecht, diesem großen Netzwerk aus Nerven, das Ihr Inneres steuert. Stress und Spannung werden aufgelöst, Sie können wieder richtig durchatmen, Ihre ganze Situation freier und objektiver betrachten und nicht durch die Angst beeinflusst und gesteuert. Johanniskraut hilft Ihnen, gut durchschlafen zu können, lässt Sie sich auf den kommenden Tag freuen und verleiht Ihnen so viel innere Sicherheit, wie Sie brauchen. Es lässt die Alpträume verschwinden und lehrt Sie, wieder zu vertrauen, sich selbst, Ihrem Partner, Ihrem Schicksal.

Bezug zu Schwangerschaft und Geburt

- ✓ Bei unerklärlichen Ängsten und Befürchtungen
- ✓ Vage Ängste um etwaige Krankheiten und/oder Missbildungen des Kindes, auch wenn kein medizinischer Befund dafür spricht
- ✓ Ängste vor Umwelteinflüssen, vergifteter Luft und Nahrung, unabhängig von tatsächlich bestehender Belastung
- ✓ Bei Aufregung und Unsicherheit
- ✓ Bei Alpträumen
- ✓ Ängste, verfolgt zu werden
- ✓ Bei Verdauungsstörungen, Bauchschmerzen
- ✓ Bei Hautproblemen
- ✓ Schwierigkeiten beim Wasserlassen
- ✓ Wenn man sich selbst, sein Schicksal und seine Zukunft ohne erkennbaren Anlass in Frage stellt
- ✓ Wenn man verlernt hat, auf die innere Stimme zu hören
- ✓ Verlust von Instinkt und Intuition
- ✓ Verlust des Vertrauens in sich selbst und in den Partner

Kiefer – Pinus sylvestris

Stichwort

Nachsichtigkeit sich selbst gegenüber

Kurzbeschreibung

Für Menschen, die sich selbst zur Perfektion antreiben und sofort mit Schuldgefühlen und schlechtem Gewissen reagieren, wenn sie diese nicht erreichen; hilft bei der Versöhnung mit sich selbst

Porträt der Pflanze

Die Waldkiefer ist ein einheimischer Nadelbaum, dessen Form in jungen Jahren an einen Kegel erinnert, während später die Krone eher Kugelform annimmt. Ältere Bäume, die bis zu 40 m hoch werden, besitzen in den unteren Abschnitten des Stammes keine Äste. Die Rinde ist grau mit tiefen Rissen und Furchen. Die Nadeln werden bis zu 8 cm lang und sind grün in Schattierungen von Grau bis Blau. Der Baum ist zweigeschlechtig, seine männlichen Blüten erscheinen ährenförmig und sind leuchtend gelb, die weiblichen sind rot und zapfenförmig und eher unscheinbar. Blütezeit ist April und Mai.

Die Waldkiefer ist eine sehr robuste Pflanze, die sich auch in Höhen wild ansiedelt, die Laubbäumen keine günstigen Lebensbedingungen mehr bieten; sie findet auch auf felsigem oder Sandboden noch Halt. Die Kiefer bevorzugt nährstoffreichen Boden, stellt aber keine besonderen klimatischen Bedingungen bei der Auswahl ihres Standortes.

Es gibt in Europa über 150 verschiedene Kiefernarten, wobei Pinus sylvestris die verbreitetste von allen und in ganz Europa bis hin nach Asien anzutreffen ist. Dieser Baum besitzt eine große Bedeutung als Nutzholz und ist von daher auch ein wichtiger Forstbaum.

Hintergrundinformation
Die Kiefer ist ein sehr anspruchsloser, bescheidener Baum, der sich auch in extremen Verhältnissen zurechtfindet, war von daher prädestiniert, als Pionierpflanze nach der letzten Eiszeit den Urwald Mitteleuropas zu bilden. Sie ist sehr anpassungsfähig, flexibel und verwendet den Wind zur Bestäubung und damit zur Verbreitung der eigenen Art.

Das Holz dieses Baumes ist voller Harz, was es sehr lange brennen und zudem dabei einen angenehmen Geruch verbreiten lässt. Früher verwendete man das Innere in Kiefernnadeln als Füllmaterial für Matratzen und Kissen. Weicht man diese nämlich in warmem Wasser ein, platzt die harte Nadelhaut auf und gibt die weichen Fasern frei. Durch anschließendes Trocknen produzierte man früher die »Waldwolle«.

Das Harz der Kiefer enthält als wichtigsten Bestandteil das Terpentinöl, das bereits vor Tausenden von Jahren zur Mumifizierung in Ägypten verwendet wurde. Über diesen seltenen Gebrauch hinaus findet Kiefernharz vielerlei Verwendung, beispielsweise bei der Herstellung von Lacken. Davon abgesehen ist Terpentin aber auch ein ätherisches Öl mit gesundheitsfördernder Wirkung, besonders geeignet zur Inhalation bei Erkältungskrankheiten, was sicher auch auf seinen wirksamen Inhaltsstoff, das Vitamin C, zurückzuführen ist. Es beruhigt Hustenreiz, hilft beim Abhusten und desinfiziert die Luftwege. Auch als Badezusatz, Tee oder Bestandteil von Cremes und Salben wird Terpentinöl benutzt, wobei nicht unerwähnt bleiben soll, dass durch die Menge des von Kiefern produzierten Terpentins dies auch noch ein sehr preisgünstiges einheimisches Heilmittel ist.

Bekannt ist in der Naturheilkunde auch die emotional und psychisch beruhigende Wirkung der Kiefer. Es mag belächelt werden, doch die »Hausaufgabe« für Hilfe suchende übererregbare und problembeladene Menschen, einen Ort mit Kiefern aufzusuchen und dort ein wenig zu verweilen und bewusst tief durchzuatmen, hat sich bewährt. Die Anwendung des Terpentins über die Duftlampe wirkt ähnlich: Angestaute Tränen und Verletzungen können sich durch Einatmen des Terpentins auflösen, sich ihren Weg nach draußen bahnen und dadurch Platz machen für Ruhe, Gelassenheit und Zuversicht. Melancholie und Wehmut werden ersetzt durch Geborgenheit. Vielleicht ist dies ein Grund dafür, dass Grabstätten und Versammlungsorte der Germanen oft mit Kiefern bepflanzt wurden.

Im keltischen Baumhoroskop gibt es gleich zwei Zeiträume, nämlich den vom 19. bis 28. Februar und den vom 24. August bis 2. September, die den dann Geborenen den Schutz des Gottes der Kiefer gewähren. Besonders Frauen, die zu diesen Zeiten geboren werden, verheißt die Kiefer Gedeihen und Gesundheit.

Porträt der Blütenessenz

Allgemein

Kiefernblütenessenz wurde schnell eine der meistverwendeten Blütenessenzen in der Geburtsvorbereitung. Ihre Fähigkeit, das schlechte Gewissen zu erleichtern, wird wohl von jedem dann und wann gebraucht. Diese Wirkung soll im weitesten Sinne verstanden werden, die Kiefer unterscheidet nicht zwischen realer oder »nur« eingebildeter Ursache des schlechten Gewissens – sie wirkt auf das Gefühl, das immer vollkommen real ist.

Zuerst einmal erleichtert Kiefernessenz jenen die Last, die eine ganz reale Ursache für ihre Schuldgefühle benennen können, die einen Fehler gemacht oder etwas übersehen haben, die jemanden geschädigt oder verletzt haben, was ihnen später Leid tut. Sie verurteilen sich selbst, indem sie die Schuld auf sich nehmen. Es ist allerdings unrealistisch zu glauben, die Verletzung, die ich jemandem zugefügt habe, heile schneller, wenn ich mich schuldig fühle. Schuldgefühle können einen zwar auf etwas Wichtiges hinweisen, darüber hinaus haben sie aber etwas, das auf ihr »Opfer« selbstzerstörerisch wirkt.

Andere Menschen wissen nicht, ob sie wirklich die Ursache eines Unglücks waren, können sich aber nicht verzeihen, nicht zur Stelle gewesen zu sein oder nichts unternommen zu haben, als man es noch hätte verhindern können. Sie plagen sich mit Gedanken wie: Wäre ich damals doch ... oder: Hätte ich nur ... Auch wenn es keinerlei Beweis für ein Verschulden gibt, halten sich manche selbst für schuldig und misstrauen jenen, die sie überzeugen wollen, für das Geschehene nicht verantwortlich zu sein.

Eine weitere Gruppe von Menschen scheint sich generell für schuldig zu halten, egal was passiert. Alles, was schief geht, fällt in ihre Verantwortung, und sie wissen schon immer, bevor etwas geschieht, dass sie dran schuld sein werden. Sie befinden sich stets in einem Gefühlszustand, der demjenigen ähnelt, wenn Partygäste bei der Pointe ihres Witzes augenblickliches Verstummen sämtlicher Stimmen im Raum erleiden müssen. Wieder andere scheinen von peinlichen Situationen geradezu magisch angezogen zu werden. Ein Leben wie im Fettnapf.

Am schlimmsten aber ist die Unerbittlichkeit mit sich selbst, die all diesen Mustern zugrunde liegt. Man fordert von sich das Höchste, dessen Nichterreichen schärfste Verurteilung zur Folge hat. Man kann sich weder verzeihen, damals gerade ein Mittagsschläfchen gehalten zu haben, als das Kind die Treppe hinunterfiel, noch die Tatsache, beim Hundertmeterlauf nur Vierte geworden zu sein, und schon gar nicht, weniger schön zu sein als andere. Jeder kleine Fehler, jeder reale oder nur eingebildete Makel zieht erbarmungslose Bestrafung durch ein schlechtes Gewissen nach sich.

Sehr nützlich ist die Kiefernblüte während der Schwangerschaft, wenn die Frau sich vermeintlich nicht so verhalten hat, wie das einer werdenden Mutter vorgeschrieben wird, wenn sie herumgetobt hat oder ein Glas Wein getrunken oder ähnlich Verwerfliches trieb. Am Ende bleibt oftmals der Gedanke: »Ob das wohl dem Kind geschadet hat?« Eine Frage, die meist unbeantwortet bleibt. Ob allerdings ein schlechtes Gewissen der Schwangeren und dem Kind zuträglich ist, kann bezweifelt werden.

Persönlich

Natürlich wünschen Sie sich für sich selbst und Ihr Kind nur das Beste, alles soll Ihren Wünschen und Bedürfnissen gemäß ablaufen, komplikationslos, harmonisch, ideal. Aber können Sie es auch vertragen, wenn es nicht ganz so ideal läuft? Wenn irgendetwas dazwischenkommt? Achten Sie bei dem, was Sie sich wünschen, auch darauf, realistisch zu bleiben? Oder verlangen Sie von sich von vornherein, die ideale Schwangere zu sein, im besten Einklang mit ihrem Kind und der schönsten, problemlosen, ganz natürlichen Geburt ohne Medikamente, Schnitte, Risse, Komplikationen und ärztliche Eingriffe?

Sicher ist es schwer, notwendige ärztliche Maßnahmen über sich ergehen zu lassen, aber ist es wirklich ein hinreichender Grund zu derartigem Absturz? Können Sie es sich dann verzeihen, nicht perfekt gewesen zu sein? Oder sind Sie froh, solch eine Hilfe doch zur Verfügung gehabt zu haben? Die Kiefer lässt Sie sanfter und nachsichtiger mit sich selbst sein. Sie lässt Sie begreifen, dass Sie Ihr Bestes tun und getan haben, statt sich selbst verurteilen zu müssen. Wenn irgendetwas nicht so klappt wie gewünscht, bedeutet dies nicht automatisch Ihr Versagen, sondern eher eine Chance, sich Beistand und Hilfe zu holen.

Manche Frauen erleben nicht nur eine scheinbar unerklärliche Traurigkeit, nachdem sie ihr Kind auf die Welt gebracht haben, sie neigen auch dazu, sich selbst dafür mit einem schlechten Gewissen zu bestrafen, nicht die strahlende, wunderbare Mutter zu sein, sondern ein kleines Häufchen Elend. Verlangen Sie nicht so viel von sich, lassen Sie Ihre Schwächen ruhig zu. Dies ist jedoch keine Sache des Verstandes, es ist eine des Gefühls. Daher würden Ihnen lange Diskussionen über das, was hätte anders laufen können, überhaupt nichts nützen, ebenso wenig wie Vergleiche mit anderen Müttern, die es vielleicht ebenfalls nicht leicht hatten. Auf der Gefühlsebene können aber Blütenessenzen helfen und im Falle, dass Sie sich als Versagerin fühlen, wenn irgendetwas nicht so läuft, wic Sie es möchten, besonders die der Kiefer. Sie versöhnt Sie mit sich selbst, hilft Ihnen, zufrieden und ausgeglichen zu werden.

Bezug zu Schwangerschaft und Geburt

- ✓ Bei Perfektionismus
- ✓ Wenn alles bis ins kleinste Detail vorgeplant werden muss, bevor man innerlich ruhig wird
- ✓ Bei Schuldgefühlen aufgrund eines nicht idealen Schwangerschaftsverlaufs
- ✓ Bei Schmerzen
- ✓ Bei Unzufriedenheit mit sich selbst, der Schwangerschaft, der Mutterschaft
- ✓ Bei schlechtem Gewissen aufgrund von Problemen mit dem Baby
- ✓ Wenn das Baby die Brust ablehnt
- ✓ Wenn Unvorhergesehenes eintritt, was ärztliche Hilfe notwendig macht
- ✓ Bei Versagensängsten
- ✓ Beim Gefühl, nicht bzw. niemals gut genug zu sein

Kleine Braunelle – *Prunella vulgaris*

Stichworte
Selbstannahme, Selbstheilung

Kurzbeschreibung
Lässt einen sich selbst akzeptieren, trotz oder gerade wegen der kleinen Schwächen und Fehler; hilft dadurch, die Selbstheilungskräfte anzuregen

Porträt der Pflanze
Die Kleine Braunelle gehört zur Familie der Minzen, ist eine alte Heilpflanze und wurde schon lange für gesundheitliche Zwecke verwendet. Sie enthält unter anderem ätherisches Öl, Gerb- und Bitterstoffe. Sie ist eher unscheinbar, sie wird 10 bis 20 cm groß, wächst auf Wiesen, am liebsten, wenn sie feucht sind, und Lichtungen und blüht braun bis violett zwischen Mai und Oktober. Die Blüten sind einzeln wenige Millimeter groß.

Hintergrundinformation
Die Kleine Braunelle erhielt ihren deutschen Namen aufgrund ihrer naturheilkundlichen Indikation: Sie wurde zum Gurgeln bei der so genannten Halsbräune verwendet. Als Blütenessenz wurde sie in den USA entdeckt, nachdem sie als ursprünglich europäische Pflanze dorthin »auswanderte«. Sie ist nun weltweit unter ihrem englischen Namen Self-Heal bekannt, sie hat jedoch noch weitere Namen wie Allheil, Zimmermannskraut, Herz der Erde, Wundwurz und Blaulöckchen.

Lange Zeit hielt man die Braunelle für das beste aller Kräuter, viele Familien benutzten sie als bewährtes Hausmittel bei allen möglichen Leiden wie Wurmbefall, Verstopfung, Halsschmerzen, Nieren- und Gallensteinen und sogar bei Zahnschmerzen. Allgemein wurde sie auch als Wundmittel verwendet, bei Schnitt- und sonstigen Verletzungen (daher auch der Name Zimmermannskraut in Anspielung darauf, dass die Handwerker bei Verletzungen Blutungen mit Braunellenblättern stillten). Nordamerikanische Indianer mischten Braunelle mit Katzenminze, um daraus ein mildes Abführmittel zuzubereiten. Braunelletee diente ihnen auch zur Schärfung der Sinne bei der Jagd.

Porträt der Blütenessenz

Allgemein

Seit in Kalifornien die Heilkraft der Essenz der Kleinen Braunelle entdeckt wurde, gilt sie schlicht als Universalmittel. Der englische Name für diese Pflanze drückt ihre Indikation aus: Self-Heal, heile dich selbst. Aber es steckt auch noch ein klein wenig mehr in ihr als »nur« die Anregung der Selbstheilungskraft. Denn wie sollte jemand sich selbst heilen, der die eigene Persönlichkeit ablehnt, sich nicht liebt. Zuerst kommt die Selbstannahme, dann erst kann Heilung eintreten. Wie viel Motivation brächten wir wohl auf, jemanden zu heilen, den wir nicht leiden können? Und was stellen wir nicht alles an, um jemandem behilflich zu sein, den wir wirklich lieben? Das ist das ganze Geheimnis der Kleinen Braunelle, denn in der Wirklichkeit ist es immer die Liebe, die heilt, nicht die Arznei.

In der chinesischen Medizin gibt es zwei Hauptmeridiane neben den zwölf jeweils paarig vorhandenen Organmeridianen. Diese tragen den Namen Konzeptions- bzw. Gouverneursgefäß und verlaufen auf der Körpervorder- bzw. -rückseite genau auf der Mittellinie jeweils von unten nach oben. Bei langwierigen, chronischen Krankheiten ebenso wie bei dauerhaften Selbstzweifeln und mangelndem Selbstwertgefühl kann es passieren, dass sich der Energiefluss dieser Meridiane umkehrt und nunmehr abwärts verläuft. Dies wirkt sich aus wie ein kleiner innerer Saboteur, der immer das genaue Gegenteil davon veranlasst, was einem gut täte. Aufmunterung macht einen noch deprimierter, gesundes Essen schlägt einem auf den Magen und jedes ärztliche Bemühen macht einen noch mehr krank. Bevor also irgendeine Behandlung, auch Blütenbehandlung, richtig anschlagen kann, ist es angeraten, sich mit dem inneren Saboteur, den es in Wirklichkeit natürlich gar nicht gibt, sondern der man selbst ist, auseinander zu setzen und am besten zum Freund zu machen. Dann kann man diese starke Energie, die einen bisher schwächte, zum Aufbau von Selbstbewusstsein und zur Genesung nutzen. Die Blüte, die dabei hilft, ist die Kleine Braunelle.

Bei chronischen Zuständen empfiehlt sich die Einnahme für mehrere Wochen. Diese Blüte kann jeder Mischung zur Harmonisierung und Verstärkung beigegeben werden, besonders wenn es sich um reinigende Essenzen handelt. Reinigung ist hier in einem kathartischen Sinne gemeint, wenn zum Beispiel alte, nicht mehr der Realität angemessene Überzeugungen losgelassen bzw. aufgelöst werden sollen. Sie wirkt ausgleichend, zentrierend und fördernd auf alle natürlichen Heilmethoden wie Massage oder Akupressur. Immer stärkt sie dabei das körpereigene Immunsystem und hilft dabei, zu sich selbst zu finden.

Persönlich

Wahrscheinlich fühlen Sie sich gar nicht gut in Ihrer Haut, finden sich dick, hässlich, zu nichts nutze und versuchen, dies vielleicht durch übermäßiges Essen oder sonstige kleine oder größere Laster zu kompensieren, um wenigstens ein bisschen Lebensfreude zu erlangen. Möglicherweise stellt sich Ihre Situation nicht so extrem dar, aber wenn Sie die Probe aufs Exempel machen, sich vor den Badezimmerspiegel stellen und »ich mag mich« laut auszusprechen versuchen, versagt Ihnen die Stimme. Oder Sie werden wütend. Probieren Sie's mal aus. Wenn Sie es können, ohne sich dabei schlecht zu fühlen, ohne dass eine innere Stimme Kommentare abgibt wie »Eigenlob stinkt« oder ähnlich Gehässiges äußert oder Sie einen Impuls verspüren, in den Spiegel zu schlagen, dann ist die Kleine Braunelle für Sie wahrscheinlich nicht die erste Wahl.

Oder ertappen Sie sich dabei, wie Sie es genießen, krank zu sein, weil sich nun alle Welt um Sie kümmert? Wozu dann überhaupt wieder gesund werden? Um wieder das nicht beachtete Arbeitstier zu sein?

Wo finden Sie Ihre Lebensqualität? Gibt es etwas, wofür es sich wirklich lohnt, wieder gesund zu werden? Die Kleine Braunelle hilft Ihnen dabei, sich so zu akzeptieren, wie Sie sind, sich nicht ständig abwerten zu müssen, sondern sich wert genug zu sein, sich auch mal etwas zu gönnen – einen Ausflug, eine Massage, irgendetwas, das Ihnen Freude macht und nicht alltäglich für Sie ist, Sie das Leben aber wieder genießen lässt. Wenn Sie ein Ziel haben, das Ihnen wichtig ist und gleichbedeutend mit Lebensqualität, ist die halbe Heilung schon vollbracht. Es liegt auch an Ihnen, überlassen Sie die Verantwortung für Ihr Wohlergehen nicht anderen, vielleicht meinen die es nämlich gar nicht so gut mit Ihnen.

Bezug zu Schwangerschaft und Geburt

- ✓ Bei Schwierigkeiten zu Beginn der Schwangerschaft, das Kind anzunehmen
- ✓ Als Schutz bei Infektionsanfälligkeit

- ✓ Erhöht die Selbstreinigungskraft des Körpers; hilft bei der Ausscheidung vermehrt anfallender Abbauprodukte beispielsweise durch Anregung der Nierentätigkeit
- ✓ Beim Gefühl, unattraktiv zu sein; wenn man sich im eigenen Körper nicht wohl fühlt
- ✓ Nach der Geburt, um das Immunsystem zu unterstützen
- ✓ Die medizinisch notwendigen Maßnahmen unterstützend bei Blutungen während Schwangerschaft, Geburt oder anschließend
- ✓ Dient dem Aufbau eines starken Immunsystems beim Säugling; kann bei Infektionsanfälligkeit unterstützend gegeben werden
- ✓ In der Rückbildungsphase zur Stärkung
- ✓ Stärkung des körpereigenen Abwehrsystems; Zufuhr zusätzlicher Heilenergie
- ✓ Zur positiven Beeinflussung von Beckenendlagen
- ✓ Hilft dem Neugeborenen, zu sich selbst zu finden
- ✓ Als Zusatz zum Massageöl für schmerzende Körperbereiche
- ✓ Schafft Motivation zur Gesundung
- ✓ Bei Gefühl der Isolation; Gefühl, alles alleine machen zu müssen

Löwenzahn – *Taraxacum officinale*

Stichworte
Entspannung, Loslassen

Kurzbeschreibung
Hilft, in Muskulatur festgehaltene Spannung loszulassen; die inneren Impulse kennen und verstehen lernen und damit umgehen können, statt sie festzuhalten

Porträt der Pflanze
Löwenzahn ist auf der ganzen Nordhalbkugel der Erde weit verbreitet und wohl bekannt. Er wächst auf Wiesen und Äckern, an Wegrändern, in Gärten und in Wäldern, sogar auf Schuttplätzen. Er stellt keine besonderen Ansprüche an die Bodenbeschaffenheit, außer dass er stickstoffreiche Erde bevorzugt. Die Blätter sind grundständig (sie wachsen nicht am Stängel, sondern aus dem Wurzelstock) und gezahnt, was der Pflanze ihren Namen verlieh. Die Zahl der Zacken soll der Menge Sonnenlicht entsprechen, die der Pflanze zuteil wird. Blütezeit ist von April bis Juni, dann erscheinen die halbkugeligen gelben Blüten auf blattlosen, weitröhrigen Stängeln, die einen weißen, klebrigen Milchsaft beinhalten.

Hintergrundinformation
Wem muss man etwas über den Löwenzahn mitteilen? So häufig, wie diese robuste Pflanze anzutreffen ist, so vielfältig sind ihre Namen in den unterschiedlichen Regionen: Sie heißt auch Kuhblume, Pfaffenröhrlein, Mönchskopf, Kettenblume, Butterblume und Sonnenwirbel.

Löwenzahn ist ein beliebter Feind von Unkrautvernichtern, bietet aber auch eine ganze Reihe von Nutzanwendungen: Junge Blätter können als Salat gegessen werden, die Wurzel kann geröstet und zu einer Art Kaffee verarbeitet werden, die Bitterstoffe der Pflanze fördern den Gallefluss, sollen aber auch leicht giftig sein. Die Naturheilkunde nutzt die ausscheidungsfördernden Eigenschaften des Löwenzahns am liebsten im Frühjahr, wenn sich viele Stoffwechselendprodukte in den

Organen ablagern und eine innere Reinigung sich empfiehlt. Analog kann man die Blütenessenz im Frühjahr verwenden, um die von der Winterkälte zusammengezogenen Muskeln zu entschlacken und zu entspannen.

Im Heilpflanzenhoroskop von Ilona Bergen und Manou Witko wird den zwischen dem 21. März und 20. April Geborenen eine besondere Beziehung zum Löwenzahn nachgesagt, während im bereits erwähnten Lexikon von Gertrude Jobes die Geburtstagskinder vom 27. September die Kinder des Löwenzahns sind. Es lohnt sich, die Beschreibung der Blütenessenz aufmerksam zu lesen – vielleicht ist es die eigene Konstitutionsblüte, d.h. die Blüte, die auf die eigene Persönlichkeit am besten zutrifft.

Porträt der Blütenessenz

Allgemein

Löwenzahn kann jeder Mischung hinzugefügt werden, wenn der Zustand des Betreffenden durch die ursächliche psychische Struktur hindurch sich jetzt auf der körperlichen Ebene manifestiert. Egal, ob es Angst, Minderwertigkeitsgefühl, Zorn oder Strenge mit sich selbst ist, jedes solcher einschränkenden Gefühle geht mit einem hohen Aufwand an Energie einher – Energie, die wir aufbringen, um in unserer Sackgasse verharren zu können, anstatt sie dafür einzusetzen, um dort herauszukommen. Wir erlauben uns vielleicht bei Furcht nicht das Weglaufen oder verbieten uns bei Zorn das Zuschlagen, aber jedes Hemmen eines Impulses erfolgt unter Einsatz von Energie. Diese Energie wird dafür benötigt, die laufen wollenden Beine steif werden zu lassen oder den schlagen wollenden Arm am Körper festzuhalten. Es geht dabei gar nicht darum, ob es nun sinnvoll ist, wegzulaufen oder zuzuschlagen, nein, es geht darum, die im Körper festgehaltene Energie und Spannung wieder zu befreien, Blockaden im Energiefluss aufzuheben: Es soll ein guter Kontakt zum Boden und damit zur Realität hergestellt werden, wir sollen lernen, uns zu entspannen und in der Entspannung die Wirklichkeit zu erkennen. Sinnbildlich dafür steht die Wurzel dieser Pflanze, die senkrecht in die Tiefe wächst und speziell die Löwenzahnfeinde vor erhebliche Probleme bei der Bekämpfung stellt. Der Löwenzahn ist so fest in der Erde verwurzelt, so zäh und auch den größten Angriffen standhaltend, dass eine solche Energie in Form der Blütenessenz vielen Menschen hilfreich sein kann, die sich in irgendeiner Notlage befinden und die Bodenhaftung zu verlieren drohen. Körperlich arbeitet Löwenzahn mit jeder Form der Spannung, wir benutzen ihn besonders gern bei der Massage des Nackens und der Wirbelsäule.

Gute Verwendung findet die Löwenzahnblüte auch bei Erschöpfungszuständen, wie sie bei lang andauernden Geburten auftreten können. Hier wird die innere Anspannung aufgelöst und die in ihr festgehaltene Energie freigesetzt. Dies wirkt sich wie ein Energieschub aus, der die Arbeit doch noch vollbringen lässt, auch wenn sich das »Ich schaff's nicht!« scheinbar schon innerlich durchgesetzt hatte.

Möglicherweise sind es ganz spezifische emotionale Spannungen, die in der Muskulatur gespeichert wurden, wie beispielsweise unterdrückter Ärger. Eine Massage der entsprechenden verhärteten Muskeln kann demnach solche Gefühle wieder freisetzen. Dieses Phänomen ist aus der Bioenergetik und dem Rolfing bekannt und erfordert Sicherheit und Geschicklichkeit im Umgang damit. Ein Schrei zum Beispiel könnte erst einmal überraschend und befremdlich wirken, bringt dafür aber Erleichterung und hilft beim Erlangen inneren Friedens.

Die Löwenzahnblütenessenz ist auch eine Essenz der Erdung, der Verwurzelung in der Realität, des Auf-dem-Teppich-Bleibens. Körperlich wirkt sie entgiftend, auch von Gefühlen, die zur inneren Anspannung führen.

Persönlich

Jemandem, der unter starken Schmerzen leidet, beispielsweise unter einem Migräneanfall, kann es geschehen, dass er erst beim Rückgang des Schmerzes ein leichtes Ziehen an einem kranken Zahn wahrnimmt. Natürlich war dieses Ziehen die ganze Zeit über vorhanden, nur der größere Schmerz lenkte alle Aufmerksamkeit auf sich. Umgekehrt funktioniert dies auch: Sie haben vielleicht gerade Kopfschmerzen und mögen sich ausruhen, dann lassen Sie sich aber doch zum Ausgehen überreden, und darüber vergessen Sie Ihren Schmerz vollkommen, weil Sie sich amüsieren und abgelenkt sind. So verfährt man auch mit kleinen Kindern, die sich verletzt haben und weinen: die Aufmerksamkeit auf etwas anderes lenken, dann ist der Schmerz schnell vergessen.

Ganz ähnlich arbeitet die Löwenzahnblüte in Ihnen. Fühlen Sie sich am ganzen Körper irgendwie müde und abgespannt, können Sie zum schnelleren Regenerieren ein paar Tropfen der Essenz ins Badewasser geben. Fällt dann die körperliche Spannung von Ihnen ab, wird Ihnen leichter deutlich, was das Kernproblem ist, also das leichte, vorher unbemerkte Ziehen, nicht im Zahn, aber in der Seele. Sie erfahren auf diese Weise im entspannten Zustand, dass es zum Beispiel eine Verletzung war, die von Ihnen vielleicht leichthin abgetan wurde, aber unbewusst weiter in Ihnen rumorte (ein Hinweis auf das Schmalblättrige Weidenröschen, siehe Seite 95 ff.), oder dass Ihnen eigentlich Energie fehlt und Sie sich durch Aufbau von

Muskelspannung zum Durchhalten gezwungen haben (Hinweis auf die Apfelblüte, siehe Seite 36 ff.).

Sie könnten sich aber auch hinlegen und in Ihren Körper hineinspüren, um festzustellen, wo genau denn die Verspannung oder der Schmerz sitzt.

Manche Leute ziehen den Kopf ein und die Schultern an, wenn sie sich fürchten – sitzt dort vielleicht der Schmerz? Wenn Sie ihn lokalisieren können, dann bitten Sie am besten jemanden (der besser an diese Stellen herankommt als Sie selbst), Ihnen Löwenzahnessenz dort einzumassieren. Die Essenz hilft Ihnen, innerlich loszulassen und damit auch körperlich.

Jede Spannung kostet Sie Kraft. Wenn Sie sich vom Löwenzahn helfen lassen, weniger Spannung aufzubauen, bedeutet das, dass Sie mehr Kraft für anderes übrig haben. Bedenken Sie einmal, wie der Löwenzahn sich in der Natur verhält: Er steht festgewurzelt und lässt sich durch nichts von der Stelle bewegen, und doch bildet er federleichte Samen, die so leicht und flexibel sind, dass sie mühelos überallhin gelangen. Dies kann Ihre Löwenzahnlektion sein: fest im Leben stehen und doch frei zu sein, mühelos das zu tun, was richtig für Sie ist.

Bezug zu Schwangerschaft und Geburt

- ✓ Bei Unfruchtbarkeit aus innerer Verkrampfung (sofern keine organische Ursache vorliegt)
- ✓ Bei jeder Form innerer Spannung, zum Beispiel als Reaktion auf Ungewissheit
- ✓ Lässt blockierte Energien wieder fließen
- ✓ Bei Schmerzen aufgrund von Haltungsschäden wie Rückenschmerzen oder bei Spannungskopfschmerz
- ✓ Bei Angst, die sich als Verspannung auf der körperlichen Ebene bemerkbar macht
- ✓ Durch Nachlassen innerer Anspannung festen und sicheren Bodenkontakt gewinnen; fest auf der Erde stehen (auf dem Boden der Tatsachen)
- ✓ Lässt Kraft, die durch erhöhte Körperspannung absorbiert wird, wieder verfügbar werden
- ✓ Spannungslinderung bei Ischias
- ✓ In der letzten Phase der Geburt zum Loslassen

Quitte – Cydonia oblonga

Stichworte

Ausgeglichenheit, Entscheidungsfreude, Zielstrebigkeit, Ausdauer

Kurzbeschreibung

Polaritäten ausgleichen; die eigenen starken und schwachen Seiten erkennen, würdigen und ausleben; nicht länger in Polaritäten denken, die sich ausschließen, sondern deren Zusammengehörigkeit erkennen

Porträt der Pflanze

Der Quittenbaum, Mitglied der Familie der Rosengewächse, wird bis zu 6 m groß. Die fünfblättrigen Blüten sind weiß bis zartrosa, zuweilen auch von einem kräftigen Rosa. Die Blütezeit fällt in den Mai. Die jungen Zweige des Quittenbaumes sind auffällig wollig behaart. Die Früchte sind zuerst grün, werden aber mit der Reife hellgelb und sie verströmen einen angenehmen Duft.

Ursprünglich stammt die Quitte aus Asien. Sie ist frostempfindlich und benötigt im Sommer ausreichend Wärme. Je kälter die klimatischen Verhältnisse, desto größer werden die Früchte, allerdings auch härter. Wir fanden schöne Bäume in Italien, und dort wurde auch unsere Essenz hergestellt.

Hintergrundinformation

Der botanische Familienname des Quittenbaumes lautet Cydonia nach der gleichnamigen Stadt auf Kreta, wo angeblich die ersten Quittenbäume gepflanzt wurden. Botaniker dagegen vermuten ihren Ursprung im Norden Persiens. Die Griechen weihten den Baum der Göttin der Liebe. Als Symbol der Liebe wurden dort für junge Eheleute Quittenbäume gepflanzt, deren süße Früchte sie zur Hochzeit erhielten. Später gab man in Rom den Früchten den Namen Venusäpfel, weil man in ihnen erotische Energien mutmaßte.

Der Weg des Quittenbaumes aus dem »Morgenland« zu uns erfolgte nicht ohne Veränderungen, unser Klima forderte Anpassung: Heimische Quitten sind nur gekocht genießbar, während sie in ihrer ursprünglichen Umgebung auch roh gegessen werden können. In der Naturheilkunde kennt man die Anwendung der Quitte bei Durchfall, Bluterbrechen und Weißfluss, wofür ein Aufguss hergestellt wird oder eine Abkochung entweder der Frucht oder der Samen. Die gekochte Frucht wirkt adstringierend, d.h. zusammenziehend. In Wasser eingelegt bilden die Samen eine schleimige Flüssigkeit, die innerlich kühlend, mildernd und beruhigend wirkt, äußerlich wird sie bei Augenentzündungen und Gerstenkörnern angewendet. Der Schleim dient auch zum Gurgeln bei Halsentzündungen und zum Einreiben bei örtlichen Entzündungen der Haut, besonders beim gefürchteten Wundliegen bettlägriger Menschen. Zudem sollen die zu einem Brei gekochten Quittenblätter auch noch bösartige Geschwüre heilen.

Geburtstag für Quitte-Menschen ist der 2. Mai, so Gertrude Jobes in ihrem *Dictionary of Mythology, Folklore and Symbols*. Für die an diesem Tag Geborenen könnte die Quittenblüte das Konstitutionsmittel sein, als die Blüte, die auf die eigene Persönlichkeit am besten zutrifft.

Porträt der Blütenessenz

Allgemein

Die Blütenessenz der Quitte vereint in sich ganz unterschiedliche Qualitäten. Die Blüte selbst erinnert ein wenig an die der Heckenrose, und tatsächlich hat die Essenz auch etwas von deren Wirkung: das Aufmunternde, Erfrischende, Aktivierende. Die Frucht selbst ist sehr hart, roh nicht zu genießen und dabei doch ganz süß. Härte und Süße können also vereint werden und stellen keinen unauflöslichen Widerspruch dar. Beide Qualitäten können als gegenpolig bezeichnet werden, als Yin und Yang, vereint in einer einzigen Frucht. Und genau dem entsprechend wirkt die Quittenblütenessenz auch: Sie löst uns aus extremen Polaritäten. Männer, die glauben, sich Weichheit nicht erlauben zu dürfen, können ihren Irrtum als solchen erkennen lernen. Frauen, die Durchsetzungsvermögen und Erfolg in der »äußeren« Welt als unweiblich betrachten, erfahren, dass beides sich miteinander verbinden lässt. Die Quitte bricht solche Denkblockaden, also Überzeugungen, die ausschließend und nicht integrierend wirken, auf, sie hilft dabei, Entscheidungen für sich selbst aus neuer Perspektive zu treffen: Männer brauchen nicht mehr den Verlust ihrer Männlichkeit zu befürchten, wenn sie »weiblichen« Qualitäten Raum geben,

Frauen lernen, dass sie nicht notwendigerweise dem Klischeebild des verhärteten und verhärmten Karriereweibes entsprechen müssen, wenn sie ihre eigenen Talente und Ideen durchsetzen wollen. Waschlappen und Flintenweiber sind Karikaturen überkommener Klischees, erfunden von ängstlichen, sich der eigenen Identität unsicheren Menschen – besser, wir versuchen, sie zu verstehen, als ihren Vorurteilen kritiklos anzuhängen. Die Lektion der Quitte lautet: Weg vom Entweder-oder, hin zum Sowohl-als-auch.

Persönlich

Für den Fall, dass Sie sich innerlich zerrissen fühlen, sich nicht entscheiden können zwischen Beziehung oder Singledasein, zwischen Kind oder Job, zwischen zwei Männern, zwischen Bleiben und Fortgehen, zwischen Hü oder Hott, sollten Sie es mit der Quittenessenz versuchen. Nicht, dass Sie glauben, sie würde Ihnen die Entscheidung abnehmen und damit die Verantwortung, nein, das nicht. Aber sie lässt in Ihrem Inneren ein klareres Bild von dem reifen, was Sie wirklich wollen. Das damit verbundene Gefühl könnte man vergleichen mit der Ruhe vor dem Sturm, die doch eine mächtige Spannung in sich birgt, so dass man sich schließlich nur noch wünscht, es möge endlich losdonnern, damit sich die Spannung entladen und Frieden einkehren kann. Eine Entscheidung zu treffen kann ähnliche Wirkung haben, auch wenn sie vielleicht mit eigenen Verlusten verbunden ist. Der Durchbruch kann befreien, einem den Stein vom Herzen fallen lassen.

Eine andere Situation, in der die Quitte behilflich sein kann, ist eine, in der große Anforderungen an Sie gestellt werden, Anforderungen, denen Sie sich vielleicht nicht gewachsen fühlen. Sie halten sich für zu schwach, nicht ausdauernd genug oder sonst irgendwie unzulänglich. Und gerade dann, wenn Sie vielleicht nicht einmal glauben, mit sich selbst fertig werden zu können, kündigt sich auch noch Nachwuchs an. Wie soll das nur gut gehen? Neun Monate Stress, denken Sie vielleicht. Aber muss das tatsächlich so sein? Stress blockiert das Denken und lässt einen in alte kindliche Muster zurückfallen. Da bleibt die Kreativität auf der Strecke, und gerade sie könnte Ihre Situation erleichtern. Wenn Ihnen die Last zu viel wird, dann lassen Sie andere diese mittragen. Es soll schon Männer gegeben haben, die mehr konnten als Regale aufhängen, also lassen Sie Ihren Einfallsreichtum spielen, und wickeln Sie Ihren Partner um den Finger. Wer sagt denn, dass Sie ihn nicht zum Einkaufen bringen, zum Treppenputzen und Rückenmassieren? Quittenessenz will Ihre Kreativität herauskitzeln, Ihren Charme und Ihren Witz. Sie werden sehen, dass damit einiges leichter geht als erwartet.

Die Quitte ist die Entscheidungs- und Durchhalteblüte, sie ist wie ein Marathonläufer, für den der Spaß erst nach 20 Kilometern losgeht. Eine solche Energie kann Ihnen die Blütenessenz vermitteln.

Bezug zu Schwangerschaft und Geburt

- ✓ Verändert die innere Fragestellung: weg vom Entweder-oder hin zum Sowohl-als-auch
- ✓ Hilft bei der Identitätsfindung schwangerer berufstätiger Frauen
- ✓ Hilft, Schwäche nicht als Fehler zu definieren, sondern sich selbst Schwächen zugestehen zu können
- ✓ Entspannung zulassen können; nicht immer stark sein müssen
- ✓ Sich Hilfe holen können, wenn man sie braucht
- ✓ Lässt erkennen, dass Nachgeben und Nachgiebigkeit nicht identisch sind mit Schwachheit
- ✓ Hilft, eine Entscheidung bei unklarem Kinderwunsch herbeizuführen
- ✓ Bei Konflikt Kind oder Beruf
- ✓ Lässt Auswege aus vermeintlichen Zwickmühlen erkennen
- ✓ Bei Angst, nicht perfekt zu sein
- ✓ Angst, den sexuellen Ansprüchen des Partners nicht zu genügen
- ✓ Bei drohender Frühgeburt bei unsicherer Beziehung und sozialer Situation
- ✓ In der Austreibungsphase bei der Geburt Anspannung und Loslassen harmonisieren
- ✓ Bei spastischen Wehen
- ✓ Zur Unterstützung des Stillens

Rosmarin – Rosmarinus officinalis

Stichworte
Männliche Energie, Standhalten

Kurzbeschreibung
Das Konfliktmittel; wenn man zu stark verinnerlicht hat, dass man schwach und kampfunfähig ist, und daher immer eine Tendenz zur Flucht aufweist, auch wenn es sich im Nachhinein als unnötig herausstellt

Porträt der Pflanze
Rosmarin ist ein immergrüner, buschiger, vielverzweigter Strauch, der je nach Klima und Bodenbeschaffenheit bis zu 2 m hoch wird. Die Blätter sind ledrig mit nach unten eingerollten Rändern, sie glänzen auf der Oberseite dunkelgrün, auf der Unterseite sind sie eher grau. Die Blüten sind hell- bis dunkelblau, erscheinen zu fünft bis zehnt in Scheintrauben an den Enden von Kurzsprossen.

Hintergrundinformation
Die Blüte zieht sich über Monate hin und gibt dem Strauch eine blauviolette Färbung (im Falle der von uns verwendeten Pflanzen in der Toskana). Durch seinen starken Duft zieht Rosmarin viele Insekten an. Überhaupt scheinen diejenigen Pflanzen für die Herstellung von Blütenessenzen am geeignetsten zu sein, die auch in der Tierwelt Freunde besitzen. Daher halten wir immer auch Ausschau nach den Tieren, die sich in der Umgebung aufhalten. Übrigens auch nach Steinen und Mineralien, deren Anwesenheit auf energetisch wertvolle Pflanzen schließen lässt.

Die Pflanze enthält ätherisches Öl, weshalb sie gerne bei rheumatischen Erkrankungen in der Naturheilkunde eingesetzt wird. Rosmarin fördert als Tee Appetit und Verdauung, hilft bei Fieber, bei Herzschwäche und Ödemen, stärkt die Nerven (Einnahme oder in Bädern und Umschlägen) und desinfiziert durch Gurgeln bei Mundfäule. Rosmarin steht im Ruf, Körper und Geist gesund, jung und frisch zu erhalten. In arabischen Ländern nahmen stillende Frauen Rosmarin zu sich, um den Milchfluss zu stärken und die Kinder zu kräftigen. Auch verwendete man Rosmarin zu Nabelpflege und Desinfektion bei den Neugeborenen.

Früher schmückten sich die Paten des Kindes zur Taufe mit Rosmarinblüten, Brautleute trugen Rosmarinkränze, der Priester bewahrte die Eheringe in einem mit Rosmarinzweigen ausgelegten Kästchen, dem er sie am Tag der Hochzeit entnahm, um sie dem künftigen Ehepaar zu reichen. Freunde und Verwandte Verstorbener hielten zur Beerdigung Rosmarinsträußchen in den Händen. Bei großen Ereignissen und Einschnitten im Leben spielte früher Rosmarin immer seine besondere Rolle. So wurde dies Kraut zum steten Begleiter durch das Leben und half über alle Klippen. Es half, sich freudigen wie unangenehmen Situationen zu stellen, dabei kräftig und zuversichtlich zu sein und aus jeder Herausforderung gestärkt hervorzugehen.

Rosmarinzweige wurden gerne von Verliebten verschenkt als Zeichen ewiger Treue – auch in schlechten Tagen. So gibt auch unsere Rosmarinessenz viel Durchhaltevermögen, das man ja gerade dann gut gebrauchen kann, wenn es nicht so gut läuft. Noch im letzten Jahrhundert wurden Träume von Rosmarin als Boten schwieriger Zeiten gedeutet: »Ich hab heut nacht geträumet, wohl einen schweren Traum, es wuchs in meinem Garten ein Rosmarienbaum.« So beginnt ein Volkslied, das dies auszudrücken versucht. Leider wird das Rosmarin hier nur im negativen Aspekt interpretiert, doch heute beginnen wir zu ahnen, dass sich Rosmarin als Hilfe anbietet und keine Kassandrarolle spielt. Eine dies unterstreichende Sage berichtet, dass in der heiligen Weihnacht zur Geburtsstunde Jesu sich alle Gewächse der Erde für kurze Zeit in Rosmarinsträucher verwandeln, und in einem alten Lied heißt es, Jesus wurde von seiner Mutter auf Rosmarin gebettet. Ein Brauch, der sich noch lange bei den Sinti hielt, die ihren Kindern Rosmarinzweige unters Kopfkissen legten, um angenehme Träume hervorzurufen.

Für Menschen, die am 17. Januar geboren sind, könnte nach Gertrude Jobes Rosmarin die Konstitutionsblüte sein, also jene Blüte, die auf die eigene Persönlichkeit am besten zutrifft.

Porträt der Blütenessenz

Allgemein

Die Qualität der Rosmarinblüte liegt darin, sich nicht unterkriegen zu lassen, sondern sich zu wehren, zu kämpfen und schließlich zu gewinnen. Rosmarin hilft, alle

Kräfte im Hier und Jetzt zu konzentrieren und damit doch noch eine Entscheidung herbeiführen zu können, nachdem man schon meinte, unterlegen zu sein. Es kitzelt den eigenen Kampfgeist hervor, statt in Geistesabwesenheit bis Ohnmacht zu fliehen.

Der Rosmarin holt die Seele auf die Erde. Daher kann seine Essenz bei Neugeborenen, die nicht zu atmen beginnen wollen, von Nutzen sein. Menschen, die sich nicht zu Hause fühlen können, die nicht wissen, wohin sie gehören, und daher in ihrem Leben häufig Fluchttendenzen aufweisen, sind diejenigen, die Rosmarin besonders anspricht.

Die Blütenessenz hilft dem Neugeborenen, im Hier anzukommen, auch wenn es schon im Mutterleib eine schwere Zeit hinter sich hatte oder die Geburt traumatisch verlief. Sie unterstützt Kinder, die missbraucht werden und daher viel lieber ganz woanders wären, keinen Anschluss an andere Kinder finden und anscheinend zum Außenseiter vorbestimmt sind.

Wenn man glaubt, es gar nicht mehr aushalten zu können, kann die konzentrierte Yang-Energie dieser Blüte von Nutzen sein. Und wenn die Gebärende sich ausgelaugt und vollkommen entkräftet fühlt, nur noch den Wunsch in sich verspürt, das alles möge endlich zu Ende sein, kann Rosmarin den entscheidenden letzten Energieschub bringen, der die schwere Arbeit vollenden lässt. Rosmarinessenz lässt sich dem Körper anvertrauen, lässt einen sicher sein, es schaffen zu können, und hilft, die eigenen Bedürfnisse durchzusetzen. Rosmarin bringt ebenfalls Verständnis für das männliche Prinzip. Es ist etwas anderes, ein bestimmtes Verhalten eines oder vieler Männer abzulehnen oder diese selbst. Ist das Kind ein Junge, und fällt es der Mutter schwer, ihn so zu akzeptieren, wie er ist (was zu immer neuen – ungewollten – Konflikten führen kann), dann kann diese Blüte ein wenig zum Verständnis beitragen und die Mutter mit ihrem Sohn versöhnen (vgl. Mutter-Tochter-Konflikt, Seite 40 ff.). Rosmarin hat besonderen Bezug zum Gallenblasenmeridian, dessen psychologische Wirkung sich mit den Begriffen Mut, Einsatzkraft und Dreistigkeit beschreiben lässt.

Persönlich

»Bleiben Sie ruhig, bleiben Sie hier, regen Sie sich nicht auf, vielleicht täuscht Sie Ihr erster Eindruck, fliehen können Sie doch immer noch«, sagt die Essenz des Rosmarin und hilft Ihnen dabei, unangenehme Situationen aushalten zu können. Sie gibt Ihnen Hoffnung, dass sich durch die Bewältigung der Herausforderung eine neue Lebensqualität erschließt, und schafft dadurch Durchhaltevermögen.

Es kann sein, dass Sie sich im Stich gelassen fühlen, weil Ihr Partner Sie nicht versteht, oder Sie fühlen sich bloßgestellt und allein gelassen, ja fremdbestimmt während der Geburt Ihres Kindes – wenn Sie solches befürchten oder in Ihren Träumen sehen, dann beginnen Sie Ihre Rosmarinkur bereits einige Zeit vor dem errechneten Geburtszeitpunkt. Auch wenn die gewohnte Flucht im eigenen Körper stattfindet, Sie also gleichsam die Fühler einziehen und nicht zuversichtlich und voller Energie durchs Leben gehen, kann Rosmarin hilfreich sein. Kalte Hände, kalte Füße, eingeschränkte Blutzirkulation und niedriger Blutzuckerspiegel sind die Phänomene, die auf der körperlichen Ebene die geistige Flucht begleiten. Ist also das Weglaufen Ihnen zur zweiten Natur geworden, lässt Sie Rosmarin dableiben, eine neue Reaktionsmöglichkeit ausprobieren. Dies birgt für Sie vielfältige überraschende Möglichkeiten. Nehmen Sie sie wahr!

Fühlen Sie sich nicht so schnell überwältigt, Sie können mehr, als Sie sich vielleicht zutrauen. Haben Sie Vertrauen in sich und Ihre eigene Kraft. Und wenn Sie unter der Geburt Ihres Kindes sich selbst sagen hören: »Ich kann nicht mehr, ich will nach Hause«, dann bitten Sie Ihren Partner oder Ihre Hebamme um ein Glas Wasser mit den belebenden Rosmarintropfen darin.

Bezug zu Schwangerschaft und Geburt

- ✓ Wenn man sich im eigenen Körper nicht wohl fühlt, sondern eher unbeholfen aufgrund der körperlichen Veränderungen
- ✓ Bei Trägheit, andauernder Müdigkeit, Kreislaufschwankungen, Erschöpfung
- ✓ Bei Ablehnung des Kindes, weil die Schwangere sich durch es innerlich ausgesaugt fühlt und glaubt, alle Kräfte würden ihr geraubt
- ✓ Bei Ablehnung des Kindes, weil es ein Junge ist
- ✓ Bei Frühgeburt aufgrund – unbewusster – Ablehnung des Kindes
- ✓ Bei lang andauernden Geburten; bei innerer Auflehnung: »Ich will nicht mehr, ich will nach Hause!«
- ✓ Bei zu langsam in Gang kommendem Kreislauf des Neugeborenen und Atemstörung; bringt Körper und Seele zusammen und lässt das Leben auf der Erde beginnen
- ✓ Bei Angst vor Konflikten und daraus resultierender zu großer Nachgiebigkeit
- ✓ Mut, sich schwierigen Situationen zu stellen
- ✓ Bei Schmerz in einem Körperteil, den man unbewusst von der Versorgung abgeschnitten hat (aus Angst, Peinlichkeit usw.)

- ✓ Sich bloßgestellt fühlen
- ✓ Beim Gefühl, ganz allein zu sein
- ✓ Bei schwachen Wehen
- ✓ Bei Schmerzen in der Austreibungsphase
- ✓ Bei Flucht vor Nähe
- ✓ Bei Stillproblemen aufgrund innerer Ablehnung des Kindes oder der Nähe

Schmalblättriges Weidenröschen – Epilobium angustifolium

Stichworte

Das Unbewusste heilen; die verletzte Weiblichkeit heilen

Kurzbeschreibung

Die Verletzung der Seele heilen; Vertrauen in die eigene positive Entwicklung gewinnen; sich trauen, Neues zu beginnen; Isolation durchbrechen; das Selbstwertgefühl stärken

Porträt der Pflanze

Die Familie der Nachtkerzengewächse scheint eine zu sein, deren Mitglieder sich besonders für die Energieübertragung in Blütenessenzen eignen. Dieses hier, auch unter dem Namen Stauden-Feuerkraut bekannt, wird bis zu 1,5 m groß. Es vermehrt sich nicht nur durch Fremdbestäubung (Ameisen transportieren den Samen mit sich), sondern auch über den kriechenden Wurzelstock. So kommt es, dass durch die Tochtersprosse der Wurzeln stets mehr oder weniger große Gruppen des Weidenröschens anzutreffen sind. Blütezeit des Schmalblättrigen Weidenröschens ist Juli/August, dann leuchten die dunkelroten Blüten, deren vier Blütenblätter jeweils etwa 1,5 cm lang sind, weithin. Das Blütenmuster verläuft von unten nach oben, in dieser Reihenfolge öffnen sie sich.

Hintergrundinformation

Dieses Weidenröschen kommt sehr häufig vor. In der Natur scheint seine Funktion die eines Heilers der Erde zu sein, denn es siedelt in zerstörter Erde und bildet dort ein unterirdisches energetisches Netzwerk, das anderen Pflanzen eine Grundlage für deren Wachstum verschafft.

Blätter und Sprossen des Weidenröschens sind essbar und finden in manchen Gegenden als Salat oder Gemüse Verwendung.

Wurzeln, Blüten und Blätter enthalten Gerb- und Schleimstoffe und Pektin. Sie können aufgrund ihrer zusammenziehenden und wundreinigenden Eigenschaften sowohl äußerlich bei Verletzungen wie auch zum Gurgeln bei Entzündungen von Mund und Hals oder bei Durchfall eingesetzt werden.

Porträt der Blütenessenz

Allgemein
Die Blütenessenz des Schmalblättrigen Weidenröschens hat große Yin-Energie, die zu Phantasie und Intuition verhilft. Sie kann als Gegenpol eine starke (»männliche«) Yang-Energie ausgleichen, macht weicher und flexibler. Das Weidenröschen erweist sich als nützlich in Zeiten der Transformation im Leben, wenn die bewusste geistige Entwicklung möglicherweise in Konflikt gerät mit der unbewussten körperlichen. Sie kann sowohl in der kindlichen Phase der ersten zu entwickelnden Selbständigkeit und Erarbeitung der Unabhängigkeit von den Eltern eingesetzt werden, wenn das Lieblingswort des Kindes »nein« heißt, wie auch in der Pubertät, in der Menopause und beim Übergang ins Rentenalter. Als Pionierpflanze betritt sie Neuland, besiedelt zerstörte Erde als Erste, um zu pflegen, aufzumuntern und ein neues energetisches Netz in der Erde herzustellen, das es anderen Pflanzen ermöglicht, dort zu wachsen und zu gedeihen. »Etwas Altes geht nur, um Platz zu schaffen für etwas Neues und Besseres.«

Wir können diese Blüte einsetzen, wann immer wir selbst Neuland zu betreten haben und dadurch vielleicht verunsichert oder verängstigt sind. Die Essenz wirkt dann erdend und bringt Festigkeit. Kennzeichnend für den Konflikt, auf den das Weidenröschen einwirkt, ist das Gefühl von Einsamkeit und Isolation sowie das Gefühl, von niemandem verstanden zu werden und auch sich selbst nicht zu verstehen – das Selbstwertgefühl ist sehr gering. Diese Blütenessenz stellt die Verbindung von Bewusstem und Unbewusstem wieder oder neu her, und das in jeder Transformationsphase, besonders dann, wenn diese durch überstarke Yang-Energie verursacht oder verstärkt wird. Das heißt, wenn man durch Aggression von außen, sei sie körperlich oder seelisch, zur Neuorientierung gezwungen wird, hilft das Weidenröschen, das Unbewusste zu heilen, den Teil der Verletzung, der dort stattgefunden hat und weiterwirkt, während die körperliche Wunde bereits verheilt.

Diese Blütenessenz hilft, Angst aufzulösen und Platz zu schaffen für Liebe (eine dafür typische Situation könnte durch Vergewaltigung entstanden sein, wenn die Angst und die Verletzung das Annehmen von Liebe unmöglich machen). Der Meridian, auf den das Weidenröschen die größte Wirkung hat, ist entsprechend der Herz-Meridian.

Persönlich

Geht es Ihnen manchmal so, dass Sie genau wissen, was auf Sie zukommt, und dennoch unsicher und ängstlich sind? Sie wissen dann oft nicht so recht, was eigentlich mit Ihnen los ist, alles ist doch ganz klar, und trotzdem fürchten Sie sich. Es könnte die Auswirkung irgendeines Geschehens sein, das Ihnen gar nicht mehr gegenwärtig ist, vielleicht eines schmerzhaften Erlebnisses, das »man« am besten so schnell wie möglich vergisst. Etwas vergessen wollen ist verständlich, aber leider oft der schwierigere Weg. Etwas zu vergessen, aber nicht zu verarbeiten nennt man daher Verdrängung. Und die wiederum hat die böse Eigenschaft, genau dann aus der Versenkung zurückzukehren, wenn man sie am wenigsten gebrauchen kann. Gibt es da irgendetwas in Ihrem Leben, dem Sie aus dem Weg gegangen sind, weil die Beschäftigung damit so schmerzhaft war? Sie hören vielleicht die Stimme eines Menschen, den Sie gar nicht kennen, und doch zieht sich augenblicklich in Ihnen alles vor Angst zusammen – Ihre Reaktion könnte einer Person gelten, die Sie früher geschlagen hat und deren Stimme sehr ähnlich klingt. Doch nun fürchten Sie sich vor diesem Unbekannten und wissen nicht, warum.

Wenn Sie das Gefühl haben, da gibt es noch Unerledigtes in Ihrem Leben, Verletzungen Ihres Selbstwertgefühls, vor allem Ihrer weiblichen Identität, irgendetwas, das Sie wirklich gerne endgültig hinter sich bringen möchten, dann hilft Ihnen das Weidenröschen bei diesem Transformationsschritt. Nicht indem es das Geschehene ungeschehen macht, das geht ohnehin nicht, sondern indem es die Verletzungen, von denen Sie womöglich selbst gar nicht wissen, weil sie vor allem in Ihrer Seele stattfanden, lindert, heilt und integrieren hilft.

Viele Menschen verletzen sich durch kleinere und größere Unfälle immer wieder an derselben Körperstelle. Sollte das Unbewusste über den Körper Sie dadurch auf etwas Altes, Unerledigtes aufmerksam machen, bringt die Weidenröschenessenz die Linderung, die für eine tatsächliche Auseinandersetzung notwendig ist. Denn wer ohnehin schon von Schmerzen geplagt ist, hat selten Lust, sich auch noch mit schmerzhaften alten Wunden zu beschäftigen.

Weidenröschenessenz können Sie auch vorbeugend einsetzen, wenn Sie sich in Bezug auf die Geburt Ihres Kindes Ihrer eigenen Kraft nicht sicher sind, weil die Schwangerschaft schon unangenehm war, Sie das Kind erst gar nicht haben wollten oder unselige Umstände zum Zustandekommen der Schwangerschaft geführt haben.

Bezug zu Schwangerschaft und Geburt

- ✓ Wenn die Schwangere Angst hat, sich zu öffnen
- ✓ Wenn die Frau sich aus Angst vor Schmerzen verkrampft
- ✓ Zur Unterstützung der Geburtseinleitung
- ✓ Wenn der Geburtsschmerz eine tieferliegende, verdrängte Erinnerung aufsteigen lässt
- ✓ Wenn die Schwangerschaft unerwünscht oder durch Vergewaltigung zustande gekommen ist
- ✓ Bei Ängsten, deren Ursache nicht bekannt ist
- ✓ Wenn die Schwangere als Kind verletzt wurde und durch das in ihr entstehende Kind immer wieder daran erinnert wird
- ✓ Bei Kreislaufschwäche
- ✓ Zur Entspannung

Sonnenblume – *Helianthus annuus*

Stichwort
Männliche Energie

Kurzbeschreibung
Männliche Energie entwickeln und ausleben; sich durchsetzen, Rückgrat beweisen, für sich einstehen; bei Identitätskonflikten von Männern und Frauen

Porträt der Pflanze
Die Sonnenblume kann bei günstigen Bedingungen in Deutschland bis zu 3 m groß werden. Auf dem bis armdicken Stamm erscheinen die Blütenköpfe auf Verzweigungen oder einzeln am oberen Ende zur Blütezeit im Juli und August. Diese oft fälschlich für Einzelblüten gehaltenen Blütenköpfe bestehen tatsächlich aber aus den gelben, so genannten Zungenblättern, die die zahllosen Blüten auf dem Blütenkopf, aus denen später die Sonnenblumenkerne werden, wie ein Kranz umgeben. Sie erreichen in der Regel einen Durchmesser von 30 cm, können aber auch größer werden.

Hintergrundinformation
Ursprünglich stammt die Sonnenblume aus Südamerika, sie gelangte von dort aus nach Nordamerika und erst im 16. Jahrhundert nach Europa, wo sie zuerst nur für eine Zierpflanze gehalten wurde – auch aufgrund ihrer interessanten Eigenart, mit ihren Blütenköpfen dem Lauf der Sonne am Himmel zu folgen (was sich im Nachhinein als Mythos oder Wunschdenken herausstellte, wie wissenschaftliche Untersuchungen gezeigt haben, denn allein die jungen Pflanzen sind es, die über diese Fähigkeit verfügen). In ihrer amerikanischen Heimat wird die Sonnenblume auch heute noch als »Indian Sun« bezeichnet, also als Sonne der Indianer. Symbolisch die Sonne auf Erden vertretend spielte diese Blume eine Rolle in Ritualen der Inkas und der nordamerikanischen Ureinwohner. Frauen, die schwanger werden wollten, aßen Sonnenblumenkerne.

Als Öllieferant wurde die Sonnenblume erst im vergangenen Jahrhundert entdeckt. Ihre Samenkerne enthalten bis zu 50 Prozent Öl und bis zu 30 Prozent Eiweiß und stellen somit ein wertvolles Lebensmittel dar. Sonnenblumenöl wirkt cholesterin- und fiebersenkend. In Russland verwendete man die riesigen Blätter der Sonnenblume und ihre Blüten gegen Brust- und Halskrankheiten.

Steve Johnson, der Leiter des Alaskan Flower Essence Project, fand heraus, dass Sonnenblumen energetische Pfade im Garten aufbauen helfen, so dass man sie ganz gezielt dorthin pflanzen kann, wo Sonnenenergie bzw. Yang-Energie besonders benötigt wird. Sie lenken die Energie dann genau in diese energetisch unterversorgten Gebiete. Die Sonnenblume ist die Geburtstagsblüte (Konstitutionsblüte) für die am 30. Juni Geborenen, die Blüte also, die auf die eigene Persönlichkeit am besten zutrifft.

Porträt der Blütenessenz

Allgemein

Als Blütenessenz steht die Sonnenblume für Individualität, für persönliche Kraft und Ausstrahlung, für eine Verbindung des Materiellen mit dem Geistigen. Die Sonnenblumenessenz stärkt die Persönlichkeit, die Kräfte des Ich, das Rückgrat. Sie bringt die (»männliche«) Yang-Energie der Durchsetzungsfähigkeit. Somit ergänzt diese Blüte die Wirkung der Granatapfelessenz, die für Yin-Energie steht (siehe Seite 64 ff.).

In erster Linie, aber nicht ausschließlich, ist die Sonnenblume für Männer geeignet, die ihre Männlichkeit im Lauf ihres Lebens nicht in einer Weise entwickelt haben, wie sie sich das wünschten. Die Grundproblematik mag in einem Konflikt mit den Eltern liegen, wobei die erste Adresse der Vater ist. (Der Konflikt mit der Mutter wird eher mit Granatapfel- und Birnenblütenessenz angesprochen, siehe Seite 64 ff. und 40 ff. Bei Jungen oder Männern mag in diesem Zusammenhang auch an die Rosmarinblütenessenz gedacht werden, siehe Seite 90 ff.) Vielleicht findet sich in der eigenen Geschichte aber auch kein positives männliches Vorbild, von dem man hätte lernen können.

Die Wertschätzung männlicher Energie aber ist wohl die Voraussetzung für deren Entwicklung im eigenen Inneren, egal ob bei Mann oder Frau. Die Essenz der Sonnenblumenblüte stellt den Kontakt zur Kraft der Sonne her, die seit jeher als Yang-Prinzip dem Yin der Erde an die Seite gestellt wird. Erst der Ausgleich beider Energieformen in ein und derselben Person ermöglicht ausgeglichenes Wachstum.

Somit kann eine Mischung aus Granatapfel- und Sonnenblumenessenz all denen von besonderer Hilfe sein, die in einem inneren Identitätskonflikt feststecken.

Diese Blütenessenz stärkt das Rückgrat, und dies nicht nur im übertragenen Sinn – es kann auch bei Rückenschmerzen eingesetzt werden. Da sie das Wesen männlicher Energie verkörpert, besitzt sie eine besondere Beziehung zum entsprechenden Akupunkturmeridian der Yang-Energie. Dieser heißt Gouverneursmeridian und verläuft vom Steißbein aufsteigend über die Mittellinie von Rücken, Hals und Kopf bis zur Oberlippe. Besteht auf diesem Sammel- und Reservegefäß eine energetische Unterversorgung, bringt die Sonnenblumenblütenessenz sowohl einen kurzfristigen Energieschub als auch, über einige Zeit eingenommen, eine Aufladung, die entsprechend den Rücken stärkt. Sonnenblumenessenz einem Massageöl beigemischt kann insofern große Erleichterung bei allen Rückenproblemen bringen, denn sie verhilft dazu, dass kein zusätzlicher Krafteinsatz für eine gesunde aufrechte Haltung benötigt wird.

Sonnenblumenessenz kann, wo immer es um die Stärkung der Persönlichkeit geht, einer Einnahmemischung beigegeben werden.

Persönlich

Neigen Sie dazu, klein beizugeben, wenn der Widerstand gegen Ihre Ideen und Wünsche etwas heftiger wird? Ordnen Sie sich lieber unter, als selbst Führungspositionen zu beanspruchen – auch wenn Sie vielleicht fähiger sind als Ihre Konkurrenten? Fällt es Ihnen schwer, Ihre Bedürfnisse durchzusetzen, und stecken Sie schnell zurück, bevor womöglich Widerspruch aufkommen könnte? Das wäre ja weiter nicht besonders tragisch, wenn es Ihnen damit gut ginge. Sollten Sie aber ein Fall für die Sonnenblume sein, fühlen Sie sich damit überhaupt nicht wohl, sondern es rumort in Ihnen, Sie ärgern sich, fühlen sich überfahren und unterdrückt und begehren innerlich dagegen auf. Ja, es könnte sein, dass Sie schon gegen eine Autorität aufbegehren, noch bevor sie Ihnen gegenüber als solche aufgetreten ist. Zum Beispiel werden Sie schon sauer über den Polizisten, der Sie wegen einer Verkehrskontrolle anhält, weil Sie sich ihm hilflos ausgeliefert fühlen. Gegen »die da oben« kann man ja doch nichts machen – zumindest solange man nur fest genug daran glaubt.

Vielleicht ist ja Ihr Mann oder Ihr Arzt eine solche Autorität für Sie, gegen die Sie sich nicht zu wehren wissen. Und manchmal fehlt selbst den stärksten Frauen die Energie, sich durchzusetzen, und gerade unter der Geburt mag plötzlich die Kraft fehlen, für das einzustehen, was Sie als für sich richtig erkannt haben. In dieser Ausnahmesituation lassen sich manchmal selbst Ärztinnen, die gerade dabei sind, ihr Kind auf die Welt zu bringen, Dinge gefallen, die sie im Traum nicht für möglich gehalten hätten. Sie wünschen sich ein wenig mehr Energie, ein wenig mehr Durchsetzungskraft und Selbstbehauptung? Sonnenblume könnte hier die richtige Wahl sein.

Bezug zu Schwangerschaft und Geburt

- ✓ Hilft bei unerfülltem Kinderwunsch (sofern keine organische Ursache vorliegt)
- ✓ Hilft der Schwangeren zu lernen, ihrem Partner ihre Bedürfnisse und Gefühle deutlich zu machen
- ✓ Hilft bei andauernden Rückenschmerzen aufgrund von Haltungsfehlern
- ✓ Hilft, sich gegen Autoritäten, Vaterfiguren etc. durchzusetzen
- ✓ Erleichtert dem Vater die Kontaktaufnahme zu seinem Kind
- ✓ Erleichtert dem Vater das Hineinwachsen in seine neue Rolle
- ✓ Weckt Verständnis im werdenden Vater für Bedürfnisse und auch Launen seiner Partnerin
- ✓ Hilft, die eigenen Bedürfnisse unter der Geburt genau zu erkennen und ausdrücken zu können
- ✓ Hilft, die innere Stimme zu hören, wenn Autoritäten einen mit medizinischem Wissen zu überrumpeln versuchen
- ✓ Bringt Erleichterung bei Schmerzen
- ✓ Erleichtert die Bindung zum Kind (»bonding«)

Stechpalme – *Ilex aquifolium*

Stichworte

Frieden, Liebe, Ausgeglichenheit, Sanftmut

Kurzbeschreibung

Beruhigt überschießende emotionale Reaktionen wie Eifersucht, Ärger, Wut, Zorn ebenso wie entzündliche auf der körperlichen Ebene

Porträt der Pflanze

Die Stechpalme ist ein bis zu 7 m hoher, immergrüner Strauch mit glatter, grauer Rinde, der im Schatten oder Halbschatten von Laub-, Nadel- und Mischwäldern auf einem feuchten, leicht sauren, nährstoffreichen Boden am besten gedeiht. Sie ist empfindlich gegen Frost und verträgt keine Trockenheit. Ihr Holz ist hart, gelb bis grünlich-weiß, man kann aus ihm Werkzeuggriffe herstellen, die gut in der Hand liegen und keine Schwielen verursachen. Die Blätter sind kurzgestielt, lederartig glänzend und dornig gezähnt, ihre Form ist elliptisch bis eiförmig. Je höher an der Pflanze gewachsen, desto weniger Dornen haben die Blätter, bei alten Pflanzen fehlen sie manchmal gänzlich. Die stark duftenden Blüten sind klein, weiß bis rosa, vierblättrig und erscheinen in blattachselständigen (dort, wo die Blattstiele aus dem Zweig herauswachsen) Büscheln. Männliche und weibliche Blüten sind mit dem Auge kaum zu unterscheiden, die männlichen sind jedoch ein wenig größer und besitzen herausstehende Staubgefäße. Männliche und weibliche Blüten erscheinen auf verschiedenen Pflanzen, daher entwickeln einige keine Früchte. Der Stempel der weiblichen Blüten entwickelt sich nach der Befruchtung zur leuchtend roten (giftigen) Beere. Blütezeit der Stechpalme ist Mai und Juni. Die einzelne Stechpalme wächst sehr langsam, kann aber bis zu 300 Jahre alt werden.

Hintergrundinformation

Die Stechpalme stammt ursprünglich aus dem Mittelmeergebiet. Sie besitzt eine besondere christlich-religiöse Bedeutung, weshalb sie gemeinsam mit der Mistel (Holly and Mistletoe) in England zur Weihnachtspflanze wurde und man sie als

Tisch- und Türschmuck verwendet. Der Überlieferung nach verwandelten sich weiche Palmzweige in stachelige Stechpalmenzweige, nachdem das Volk »Kreuzigt ihn!« gerufen hatte. Daher wird sie auch heute noch am Palmsonntag, dem Sonntag vor Ostern, als Kreuzschmuck im Haus benutzt. Dahinter steckt der Glaube und die Hoffnung, die Zweige würden helfen, das Haus vor Blitz, Zerstörung und Krankheit zu bewahren. Stechpalmen sollten Mensch und Tier vor Hexen und Dämonen schützen und Glück bringen, weshalb sie auch frisch Vermählten zur Hochzeit geschenkt wurden. Bekannt sind auch Räucherungen mit Stechpalmenblättern, was den Zorn der Götter besänftigen sollte, auf dass diese ein Gewitter ohne Schaden vorbeiziehen lassen.

In der Naturheilkunde wurde die Stechpalme bei fieberhaften Infektionen der Luftwege, besonders bei Keuchhusten, eingesetzt. Auch bei Verdauungsbeschwerden fand sie Verwendung. Allerdings wurden nur die Blätter als Tee aufgebrüht, um die Beeren mache man besser einen Bogen, da sie giftig sind.

Porträt der Blütenessenz

Allgemein

Die Stechpalme ist eine Blütenessenz für stark emotional aufgeladene Zustände. Sie wirkt auf Gefühle ein, die außer Kontrolle geraten sind, für die man sich womöglich selbst verurteilt, die aber zuerst einmal wahrgenommen sein wollen: Es geht um Ärger, Eifersucht, Neid, um bösartige Impulse, um Lust, jemandem etwas anzutun, etc. Dies kann sich steigern bis hin zu vollkommenem Aufgebrachtsein, zu Ausbrüchen größten Zorns und Hasses.

Zwei mögliche Indikationen sind hier zu unterscheiden. Zum einen gibt es Menschen, deren Natur es ist, schnell höchst emotional zu reagieren, ob der Anlass dies rechtfertigt oder nicht. Sie sind leicht reizbar und explodieren bereits bei geringsten Anlässen. Es sind dies die typischen Hochdruckpatienten, denen die Verdauung zu schaffen macht, die oft unter Schlaflosigkeit leiden, weil sie sich nach einer Auseinandersetzung oder einem Streit schwer wieder beruhigen können. Sie handeln oft aus dem Bauch heraus, wissen später zuweilen selbst nicht mehr, weshalb sie irgendetwas gesagt oder getan haben, und sind im Nachhinein bestürzt, betroffen und untröstlich, sollten sie im Streit jemanden verletzt haben, verbal oder körperlich. Als Gefühlsmenschen handeln und reagieren sie oft spontan emotional. Dies gilt aber auch für ihre positiven Eigenschaften. Wenn sie jemanden gern haben, sind sie großzügig, herzlich, hilfsbereit und die allerbesten Freunde. Wenn sie sich verlieben, ist es die ganz große Liebe, sind es die ganz großen Gefühle, die sie haben, und alles ist gleich vollkommen wunderbar. Wenn dann etwas schief geht, kann es allerdings auch ziemlich schrecklich werden, sie können hochgradig eifersüchtig sein und sich in höchste Wutanfälle hineinsteigern, die ihnen hinterher dann abgrundtief Leid tun. Aber so sind sie nun mal.

Was aber nicht besagt, dass solche Zustände, auf die die Stechpalme einzuwirken in der Lage ist, ausschließlich bei stark emotionalen Persönlichkeiten vorkommen können. All das bisher Gesagte kann auch bei normalerweise eher zurückhaltenden Menschen eintreffen. Angesprochen ist das Außersichsein, der Zorn, die Wut, der höchste Ärger. Um solches zu erleben, muss man kein spezieller »Stechpalmen-Typ« sein. Es genügt oft, ausreichend gereizt zu werden, um einen Ausbruch auszulösen. Bei Menschen, die gewöhnlich ihre Gefühle eher verstecken oder sie hinunterschlucken, kann dies eine sehr überraschende und heftige bis überwältigende Erfahrung sein, derart in höchste Erregung zu geraten, dass man kurz davor ist, jemandem etwas anzutun. Dennoch kann dies geschehen. Die Blütenessenz der Stechpalme kann dann helfen.

War eine Frau schon vor der Schwangerschaft leicht reizbar, kann sich dies steigern bis ins Unerträgliche – für sie selbst und ihre Umwelt. Insgesamt wird häufig berichtet, dass die seelische Ausgeglichenheit während der Schwangerschaft unerwarteterweise verschwindet, auch wenn von außen betrachtet alles in Ordnung und geregelt sein sollte. Reizbarkeit, Argwohn, Misstrauen, Neid auf die nicht schwangeren Freundinnen und Eifersucht können der Schwangeren das Leben schwer machen. Es muss dafür nicht einmal eine reale Grundlage geben – es ist einfach so, und es kann einen richtig krank machen. Mit der Stechpalme lässt sich Abhilfe schaffen.

Stechpalmenessenz wirkt ausgleichend und beruhigend, sie holt einen aus der inneren Überdrehtheit heraus, wenn man das Gefühl hat, neben sich zu stehen und verständnislos mit ansehen zu müssen, wie man explodiert. Mit der starken inneren Erregung korrespondiert die Reaktionslage auf der körperlichen Ebene. Alle entzündlichen Reaktionen können durch Einnahme oder äußere Anwendung gelindert werden. Stechpalmenessenz eignet sich als Badezusatz und in Umschlägen zur Kühlung. Auch zur Schmerzlinderung kann sie eingesetzt werden.

Ein weiteres Einsatzgebiet ist das bei Kindern. Wenn ältere Geschwister eifersüchtig und ablehnend auf das neue Familienmitglied reagieren, kann die Stechpalme helfen, das Baby anzunehmen und mit ihm Freundschaft zu schließen.

Stechpalme ist die Herz-Blütenessenz, sie transformiert die Gefühle. Es ist die Blüte der Liebe. Sie kann dann genommen werden, wenn die Liebe durch Ärger oder Zorn überdeckt zu werden droht, um sie wieder ans Licht zu bringen und mit ihr das Gefühl, wieder im Lot zu sein.

Persönlich

Tragen Sie manchmal finsteren Verdacht mit sich herum, was Ihr Partner gerade so treibt, während Sie schon vom Treppensteigen völlig geschafft auf dem Sofa sitzen und sich müde, unbeweglich und vom normalen menschlichen Leben ausgeschlossen fühlen? Da kann der Kopf lange versuchen, Ihnen einzureden, alles sei gut, jedes Misstrauen unbegründet. Wenn es einmal da ist, dann als unbestimmtes Gefühl, und auf welche Gefühle kann man schon durch Argumente einwirken. Oder sind Sie neidisch auf Freundinnen, die wie immer ihren Sport treiben, während Sie sich plump und schwer fühlen, vielleicht sogar wie eine Aussätzige, die nicht mitmachen darf? Möchten Sie Ihrem Partner zuweilen den Hals umdrehen, weil er einfach nicht kapiert, dass es für Sie doch vollkommen logisch ist, wenn Sie erst lustig sind, dann sauer und im nächsten Moment heulen wollen? Wieso versteht der das nicht? Oder möchten Sie Ihre Mutter am liebsten hinauswerfen, weil sie schon wieder mit irgendwelchen unglaublich guten und vernünftigen Tipps für die Schwangerschaft ankommt?

Sind Sie leicht reizbar, misstrauisch, manchmal böse, manchmal richtiggehend aggressiv, ob mit oder ohne Grund? Wenn Sie sich aufregen, gehen Sie dann schnell bis zum Maximum, auch wenn der Anlass vielleicht gar nicht so gravierend war? In all diesen Fällen kann Sie die Stechpalmenessenz wieder auf den Boden holen, Sie beruhigen, wann immer sich die Emotionen bis ins Unerträgliche aufgeschaukelt haben. Sie kann Ihnen Ihren inneren Frieden zurückbringen, wenn Sie aufgebracht und ärgerlich sind, wenn Ihnen vor Zorn das Blut in den Kopf schießt und Sie am liebsten nur noch herumwüten möchten.

Immer, wenn etwas zu viel, zu heftig, zu heiß wird, können Sie diese Blüte einsetzen. Auch wenn dies körperlich so ist. Hitze ist eines der Zeichen für Entzündung, die wiederum dazu dient, die Bedingungen der körpereigenen Abwehr für Bekämpfung eingedrungener Mikroorganismen wie Bakterien sowie die sich selbst steuernden Reparaturmechanismen zu verbessern, ist also im Grunde genommen positiv. Oft geht sie aber einher mit Schmerzen. Die Stechpalme wirkt beruhigend auf Ihre Emotionen wie ein kühler Umschlag um eine entzündete Stelle im Körper. Sie beruhigt natürlich von innen, wenn Sie sie einnehmen, kann aber auch äußerlich auf die rote, vielleicht pochende Stelle gegeben werden. Wann immer Sie Genervtheit, Ärger, Eifersucht, Missgunst, Wut und Aggressivität quälen, mag Ihnen die Stechpalme weiterhelfen und die innere Ausgeglichenheit zurückbringen.

Bezug zu Schwangerschaft und Geburt

- ✓ Bei drohender Frühgeburt
- ✓ Bei Schmerzen
- ✓ Bei Partnerschaftsproblemen
- ✓ Bei Anspannung und Verkrampfung
- ✓ Bei entzündlichen Zuständen
- ✓ Bei selbstzerstörerischen Handlungen
- ✓ Bei Neid, Misstrauen, Eifersucht
- ✓ Bei ungekannten Aggressionen, Wutausbrüchen
- ✓ Wenn das Baby einen nicht schlafen lässt
- ✓ Wenn die älteren Geschwister eifersüchtig sind

Strahlenlose Kamille – Matricaria discoidea

Stichworte

Selbstbestimmung, im Körper zu Hause sein

Kurzbeschreibung

Gibt Ruhe, Sicherheit, Orientierung; bringt Gelassenheit und Trost in scheinbar aussichtslosen Lagen; die eigenen Grenzen und Möglichkeiten erkennen; den eigenen Körper kennen lernen

Porträt der Pflanze

Die Strahlenlose Kamille ist weniger auffällig als die Echte Kamille. Mit ihren halbkugeligen, grünlich-gelben Blütenkörbchen, ohne den Kranz weißer Blütenblätter ihrer »echten« Schwesterpflanze, gilt sie als eher minderwertig. Zwar sieht sie ähnlich aus, zwar riecht sie ähnlich, doch es sind im Sinne der Pflanzenheilkunde die »falschen« ätherischen Öle, die sie ihr eigen nennt – sie duften nach Kamille, besitzen aber nicht die Heilwirkung der »echten«.

Die Strahlenlose Kamille kommt bei uns sehr häufig vor, lebt an Wegrändern, Bahndämmen, Getreidefeldern oder auch auf Schuttplätzen. Sie blüht von Juni bis August.

Hintergrundinformation

Die Strahlenlose Kamille stammt aus Ostasien und ist in Europa heimisch geworden. Ob sie ihrer weißen, strahlenden Zungenblüten unterwegs verlustig gegangen ist, die ihre Schwesterpflanze, die Echte Kamille, auszeichnen, mag dahingestellt bleiben. Sie wurde von Seefahrern mitgebracht und zuerst im Botanischen Garten in Berlin angepflanzt. Dort blieb sie allerdings nicht lange, sondern trat den Weg bis in die entlegensten Regionen an. Trotz des Mangels an wertvollem Azulen besitzt sie gewisse arzneiliche Wirkung: Den aus ihr zubereiteten Tee kann man gegen Wurmbefall trinken.

Porträt der Blütenessenz

Allgemein

Diese Pflanze ist ungeheuer robust. Sie erträgt klaglos Spaziergänger und Traktoren, die auf ihren bevorzugten Orten, den Feldwegen, auf sie treten bzw. über sie fahren, und richtet sich wieder auf, als sei nichts gewesen. Gerade diese Eigenschaft, die sie als Blütenessenz schwangeren Frauen übermitteln kann, mag für diese von großer Hilfe sein, wenn sie Gefühlsschwankungen erleben, die sie sich selbst nicht erklären können und schon gar nicht ihrem Partner. Wenn bereits Kleinigkeiten die Schwangere aus der Fassung bringen und in Tränen ausbrechen lassen, dann bringt die Strahlenlose Kamille die innere Sicherheit, loslassen zu dürfen. Die Frau kann Stimmungsschwankungen als normal und in Ordnung erleben, statt dadurch noch unsicherer zu werden und damit in einen Teufelskreis hineinzugeraten. Weinen ist hilfreich, wenn man sich überwältigt fühlt, ängstlich ist oder verwirrt, es ist ein Ventil, das es einem erleichtert, anschließend wieder festen Boden unter die Füße zu bekommen.

Die Strahlenlose Kamille besänftigt auch verängstigte Kinderseelen, sie tröstet und besitzt mütterliche Ausstrahlung. Sie hilft über Unsicherheiten des Kindes hinweg, lässt es immer sicherer sich in die Körperlichkeit hineinentwickeln, gibt ein Gespür für festes Stehen und Orientierung im Raum, für die Möglichkeiten stehen zu bleiben oder wegzulaufen. Sie koordiniert das Erlernen und Annehmen der materiellen wie der geistigen »Landkarte« der Welt. Kinder lernen, ihren Körper zu gebrauchen, ebenso wie sie lernen, ihre geistigen Fähigkeiten anzuwenden.

Sichtbare Koordinationsstörungen können Hinweise sein auf eventuell vorhandene emotionale Entwicklungsstörungen. In Zeiten, in denen Kinder am intensivsten lernen müssen, sich zurechtzufinden, kann sich ursprüngliche Neugier in Ängstlichkeit verwandeln, können Beobachtungen zu falschen Schlussfolgerungen führen. Sie benötigen neben der Sicherheit durch die Eltern auch ein steigendes Vertrauen in sich selbst, den eigenen Körper und die tatsächlichen Möglichkeiten. Lust am Neuen und Entdecken und Erweitern der eigenen Grenzen soll einhergehen mit dem Erlernen der Gefahreneinschätzung und der Fähigkeit, sich aus gefährlichen Situationen zu entfernen, also weglaufen zu können.

Diese spezielle Eigenschaft der Blütenessenz lässt sie auch für Erwachsene angeraten sein, die so genannte erlernte Einschränkungen ihr Eigen nennen können: Ist es einem Kind beispielsweise aufgrund elterlichen Drucks nicht möglich, sich aus einer bedrohlichen Situation durch seine Eltern zu entfernen, verlernt es durch das emotionale Trauma möglicherweise das Weglaufen oder erwägt eine solche Möglichkeit erst gar nicht. Manche Menschen schauen reglos, wie in Starre, ihren eigenen Angreifern zu. Sie scheinen einfach vergessen zu haben, dass sie sich auch davonmachen könnten.

Die Strahlenlose Kamille lässt die eigenen Grenzen erkennen und erlernen, und wer die Gelegenheit als Kind dazu nicht gehabt hat, mag vielleicht als Erwachsener die Chance noch nutzen. Diese Blüte hat etwas Mildes und Schützendes, sie verhindert weder das Stolpern noch das Stürzen, aber wenn es tatsächlich gefährlich wird, fängt sie uns auf, indem sie unser Bewusstsein richtig entscheiden lässt, welche Reaktion die angemessenste ist. Denn zur Koordination von Körper und Geist gehören neben den psychischen, emotionalen und intuitiven Funktionen auch das Verstehen und Eingliedern der Verstandesfunktionen.

Diese Blüte stärkt den Kontakt zur Erde und gibt sicheres Körpergefühl und sicheren Stand. Sie kann für alle Menschen von Bedeutung sein, die gerne Sport treiben, tanzen, in Bewegung meditieren oder Tai Chi ausüben. Sie eignet sich in allen Lebensphasen, in denen man körperliche Umstellungsprozesse durchmacht, wie zum Beispiel Schwangerschaft, Zahnen der Kinder, Laufenlernen usw.

Persönlich

Fühlen Sie sich manchmal so richtig schachmatt? Haben Sie Schwierigkeiten, sich zu bewegen, fühlen Sie sich eingeengt, irgendwie sperrig und unbeholfen? Sind Sie genervt, weil Ihnen Ihre gewohnte Beweglichkeit abhanden gekommen ist, Ihnen schon beim Treppensteigen der Schweiß ausbricht, wo Sie doch vorher immer zwei Stufen auf einmal genommen haben? Oder weil Sie nicht mehr in Ihrer gewohnten Haltung schlafen können? Dann gibt es zwei Möglichkeiten: Entweder Sie ärgern sich die ganze Zeit, oder Sie versuchen, sich mit Ihrer Situation anzufreunden und Ihre jetzigen Bewegungsmöglichkeiten genau kennen zu lernen. Vielleicht ergeben sich durch Einschränkungen sogar reizvolle neue Möglichkeiten, wer weiß? Fällt es Ihnen schwer, diese zu suchen und auszuprobieren? Die Blütenessenz der Strahlenlosen Kamille kann dieses Schweregefühl zwar nicht verschwinden lassen, dafür kann sie Ihnen aber die Energie geben, die Sie beweglich erhält und Ihnen zudem sogar Lust an der Bewegung verschafft. Die Erde ist nicht nur ein müdigkeitsfördernder Stern mit seiner vermaledeiten Schwerkraft, sie bietet auch die Möglichkeit, sich abzustoßen. Ein Hindernis ist ein Hindernis für die, die daran glauben, für die anderen könnte es eine Stufe oder gar ein Sprungbrett sein. Diese Blütenessenz möchte Sie verführen, einmal die zweite Perspektive einzunehmen – so könnten Sie sich gleich viel leichter fühlen.

Darüber hinaus kann die Strahlenlose Kamille Ihnen helfen, wenn Sie mit Ihrem Baby Schwierigkeiten haben, es Ihnen womöglich ganz fremd vorkommt oder es irgendetwas gibt, das die Beziehung zu ihm stört. Vielleicht kommen Sie sich wie eine Rabenmutter vor, weil Ihr Kind Ihre Brust ablehnt oder quengelt und schreit. In solchen Fällen können Sie sich selbst ein wenig Selbstwertgefühl über diese Blüte zurückholen, Sie können sie aber auch Ihrem Kind auf den Bauch reiben (wenn Sie eine gute Creme haben, mischen Sie die Essenz darunter), Sie können sie ebenfalls tropfenweise pur auf den Bereich des Sonnengeflechtes geben. Die Essenz wird dem Baby helfen, sich in seiner neuen Lebensumgebung einzugewöhnen und statt mit genereller Ablehnung nunmehr auch mit Neugier reagieren zu können. Und wenn sich Ihr Partner ungeschickt fühlt, weil er nicht weiß, wie er mit dem Kind umgehen soll, und dauernd glaubt, er würde es verletzen, dann geben Sie auch ihm ein paar von diesen Tropfen.

Bezug zu Schwangerschaft und Geburt

- ✓ Hilft, trotz Veränderung körperlich im Gleichgewicht zu bleiben
- ✓ Gibt festen Halt, sowohl körperlich als auch seelisch
- ✓ Erleichtert körperliche Umstellungen
- ✓ Unterstützt den Gleichgewichtssinn und die motorische Koordination bei Veränderung des Körpergewichts sowohl in der Schwangerschaft als auch unmittelbar nach der Geburt
- ✓ Schmerzlinderung während der Geburt
- ✓ Hilft beim »bonding« bei Mutter und Säugling
- ✓ Wenn das Neugeborene die Brust ablehnt
- ✓ Unterstützung des Stillens
- ✓ Unterstützung für das Baby nach dem Abstillen
- ✓ Gibt dem Baby inneren Halt beim Erkunden der eigenen Beweglichkeit
- ✓ Hilfe beim Laufenlernen
- ✓ Erleichtert das Zahnen

Weiße Schafgarbe – Achillea millefolium

Stichwort
Sich schützen können

Kurzbeschreibung
Schutz und Sicherheit trotz widriger Umstände; sich gegen Stress abschirmen; durchhalten in Zeiten der Veränderung

Porträt der Pflanze
Die Schafgarbe ist eine sehr häufig vorkommende Pflanze und bevorzugt halbtrockene Standorte, Wiesen und Wege, besonders, wenn der Boden stickstoffreich ist. Sie hat ihre Blütezeit von Juni bis Oktober. Bis dahin ist sie zu einer Größe von 15 bis 50 cm herangewachsen. Ihre Blätter sind stark gefiedert, was den botanischen Namenszusatz »millefolium« (tausendblättrig) erklärt. Die Blüten selbst erscheinen trugdoldig (fast wie echte Dolden) in kleinen Körbchen mit weißen bis rosafarbenen Zungenblüten, ähnlich wie sie auch bei der Sonnenblumenblüte zu finden sind. Im Inneren der Zungenblüten finden sich gelblich-weiße Röhrenblüten.

Die hier gemeinte Blütenessenz hat im Namen ausdrücklich den Zusatz »weiß«, denn obwohl die rosa blühende Schafgarbe botanisch nicht von dieser zu unterscheiden ist, weist sie als Blütenessenz dennoch eine etwas andere Wirkung auf.

Hintergrundinformation
Die Weiße Schafgarbe wird für diejenigen besondere Bedeutung besitzen, deren Geburtstag auf den 16. Januar oder zwischen den 19. September und 23. Oktober fällt.

Die Schafgarbe spielte seit jeher eine große Rolle in der Naturheilkunde – zumindest bis zum Siegeszug der auf chemischem Weg hergestellten Medikamente. In ihrem Werk *Kräutersegen* schreibt die Apothekerin E.M. Zimmerer noch 1896, die Schafgarbe gehöre zu »jenen Kräutern von Gottes Gnaden, die des Schöpfers

Barmherzigkeit zum Troste und Heil der leidenden Menschheit durch Engelshand aus dem Paradiese auf die Erde pflanzen ließ«.

Eine christliche Legende berichtet von einem Jungen, der mit einer Rute braun blühender Pflanzen dem milchtrinkenden Jesus die Schale aus der Hand schlägt, bevor er sich lachend davonmacht. Als er später seine Rute betrachtet, entdeckt er, dass sich die Farbe der bräunlichen Blüten zu einem milchigen Weiß verwandelt hat. Das schlechte Gewissen lässt ihn darüber grübeln, währenddessen er die Blätter seiner Pflanze in Gedanken versunken abrupft. Schließlich entschließt er sich, die Missetat seiner Mutter zu beichten, doch als er ihr die Rute zeigt, besitzt sie bereits neue Blätter, nämlich die tausendfach gefiederten, die das Kennzeichen der Schafgarbe sind. Die Mutter befiehlt ihm, Jesus neue Milch zu bringen und ihm die verwandelte Pflanze zu zeigen. Jesus vergibt ihm und lässt ihn die Pflanze in die Erde stecken, auf dass sie Wurzeln schlage, damit sie »dir stetsfort ins Gedächtnis rufe, dass man kein Kinderherz betrüben, sondern stets erfreuen soll«.

Die Schafgarbe ist eine der ältesten Heilpflanzen der Menschheit. In iranischen Gräbern, deren Alter Archäologen auf 60.000 Jahre schätzen, fand man die Samen von acht verschiedenen Heilkräutern, die den Verstorbenen die Reise durch das Jenseits erleichtern sollten. Eine davon war die Schafgarbe – dieselbe Pflanze, deren Stängel von den alten chinesischen Taoisten bei der Befragung des I Ging gebraucht wurde.

Der Name dieser Pflanze gibt Auskünfte über ihre Bedeutung in Spiritualität und Naturheilkunde. Der deutsche Name beispielsweise bedeutet Heiler der Schafe (»garwe« heißt Gesundmacher). Schäfer und Hirten hatten beobachtet, dass kranke Schafe sich mit besonderer Vorliebe über dieses Kraut hermachten. Die Schutz- und Heilfunktion dieser Pflanze war Achilles, ihrem Namensgeber, bereits bekannt, bekam er doch von der Göttin Aphrodite den Rat, seine berühmt gewordene Verletzung mit Schafgarbe zu heilen. Aus dieser Geschichte wird die androgyne Natur dieser Blüte deutlich: Zum einen hieß man sie Soldatenwurz, zum anderen auch Frauenkraut, Frauendank oder poetisch auf die Blätter anspielend sogar Augenbraue der Venus. So wurde sie ebenso zur Versorgung von Wunden und zur Blutstillung verwendet wie bei Menstruationsstörungen, Unterleibskrämpfen, Ausfluss, Eierstockentzündungen, Myomen und Gebärmuttervorfall (unter anderem in Form von Sitzbädern).

Neben Baldrian und Angelika galt die Schafgarbe als drittes wichtiges Pestmittel – hier finden wir die typische Parallelität von materieller Wirkung als Infektionsschutz und energetischer als emotionaler Schutz, wie sie viele Blütepflanzen auszeichnet, die sowohl in Naturheilkunde wie in Schwingungsheilkunde Verwendung finden.

Hier ein kleiner Auszug der Indikationenliste der Schafgarbe aus den Zeiten, in denen die Pflanzenheilkunde noch einen anderen Stellenwert besaß als heute: Lungentuberkulose, Bluterbrechen, Auszehrung, Kräfteverlust, Verdauungsstörungen, Leberleiden, Hämorrhoiden, Bauchschmerzen, Krämpfe, Harnwegsentzündungen, Wunden, Geschwüre, Fisteln, Frostbeulen, Schwächezustände jeder Art und Ursache. Verwendung fand der Tee, aber auch Tinkturen mit Branntwein, Umschläge mit dem Absud und auch Bäder, Presssaft als entschlackende Frühjahrskur zur Blutreinigung und, und, und.

Porträt der Blütenessenz

Allgemein

Eine Blütenessenz wirkt analog zur materiellen Anwendung eher auf der Gefühlsebene und spirituell: Sie schließt die emotionale Wunde oder – besser noch – schützt vor solcher Verwundung, wenn man sie vorbeugend einnimmt.

Die Weiße Schafgarbe ist die Schutzblüte. Man erkennt dies bereits an ihrer Signatur, wenn sie voll erblüht ist: Die Pflanze besitzt eine strahlend weiße Aura, die auch für Nicht-Esoteriker deutlich zu erkennen ist. Die Essenz der Weißen Schafgarbe ist in der Lage, eine solche Schutzhülle um uns herum zu bilden. Sie schirmt uns ab von äußeren Einflüssen, deshalb ist sie gerade in Zeiten der Veränderung, des Chaos, der Aggressivität wichtig. Sie lässt alles von uns abprallen, macht uns sicher auch in stürmischen Zeiten und gibt uns inneren Halt. Nichts von außen, was wir nicht zulassen wollen, kann diese Schutzhülle der Weißen Schafgarbe durchdringen.

In der ersten Zeit nach der Geburt sind die Neugeborenen Angriffen aus ihrer Umgebung beinahe schutzlos ausgeliefert, da ihr Immunsystem sich erst mit der Zeit entwickeln muss (im Mutterleib hätte es sonst Antikörper gegen das mütterliche Blut bilden können). Solange die Mutter stillt, wird diese Phase des ungeübten Immunsystems über die in der Muttermilch enthaltenen Antikörper überbrückt – allerdings muss als Voraussetzung dafür die Mutter natürlich möglichst selbst gesund sein und über eine stabile Abwehr verfügen. Wo es sich schon herumgesprochen hat, gibt man dem soeben geborenen Kind einen Tropfen Schafgarbenessenz zum Schutz auf die noch offene Fontanelle. Wenn es in der kalten Jahreszeit geboren wird oder Familienmitglieder erkältet sind und die häusliche Atmosphäre mit jedem Niesen um etliche Keime bereichern, kann die stillende Mutter vorbeugend die Blütenessenz der Weißen Schafgarbe einnehmen, um ihren Schutz beim Stillen an ihr Baby weiterzugeben.

Wie im Abschnitt Hintergrundinformation schon angesprochen, besitzt die Schafgarbe durchaus androgyne Eigenschaften. Während wir grob der Weißen Schafgarbe Yang-Qualitäten, der Rosa Schafgarbe Yin-Qualitäten zuschreiben können, sind es gerade die männlichen Schutzenergien der Weißen Schafgarbe, die die Achillesferse der Frauen schützen helfen, während umgekehrt die Rosa Schafgarbe Männer durch verstärkte Zufuhr weiblicher Energie stärkt.

Eingenommen schützt die Weiße Schafgarbe vor emotionalen und atmosphärischen Einflüssen wie Stress, Streit und Hektik, äußerlich angewendet, beispielsweise in einer Creme, stärkt sie die Schwachstellen unserer Körperabwehr in der Haut. Ein Versuch bei Juckreiz, Ausschlägen und anderen Störungen der Haut erscheint lohnenswert.

Persönlich

Ihr Partner hat schon wieder keine Zeit für Sie, Ihre Arbeitskollegen flüstern nur noch in Ihrer Anwesenheit, Ihre Mutter erklärt Ihnen, wie schlecht es ihr doch ging, als sie mit Ihnen schwanger war, und in der Zeitung lesen Sie, wie viele Missbildungen eine Untersuchung von Kindern in der Nähe von Kernkraftwerken gezählt hat. Und da soll man nicht heulen! Und dann nimmt sich Ihr Partner extra frei für Sie, Ihre Arbeitskollegen behandeln Sie wieder wie einen ganz normalen Menschen, Ihrer Mutter geht es auch gut, und draußen spielen lauter gesunde Kinder – und dann ist es auch wieder nicht richtig. Oder Sie haben sich gerade rechtzeitig zu Ihrer Schwangerschaft entschlossen, umzuziehen oder gar zu bauen, und alles geht schief oder wird furchtbar kompliziert. Oder die Leute bei Ihnen im Haus feiern jede Nacht wilde Partys und lassen Sie nicht zur Ruhe kommen. Oder Ihnen wird schon beim Geruch in der Praxis Ihrer Ärztin übel. Oder beim »ganz normalen« Straßenlärm schwindelig. Oder beim Hören einer bestimmten Musik kommen Ihnen die Tränen. Dann versuchen Sie es mal mit der Weißen Schafgarbe als Blütenessenz. Sie lässt alles Negative draußen, nichts an Sie heran. Sie lässt Sie bei sich bleiben und Stress und Aufregung von Ihnen abgleiten. Sie ist wie ein mächtiger Beschützer, der die Feinde in die Flucht schlägt.

Bezug zu Schwangerschaft und Geburt

- ✓ Wenn man sich besonders verletzlich fühlt, Stimmungen und atmosphärische Störungen aufnimmt und dadurch geschwächt wird
- ✓ Wenn man schnell aus der Fassung gerät, sofort anfängt zu weinen, auch wenn kein Mensch den Grund dafür begreifen kann
- ✓ Wenn Forderungen an einen herangetragen werden, die man nicht erfüllen kann
- ✓ Schutz bei Tendenz zu Frühgeburt, Blutungen oder sonstigen Störungen der Schwangerschaft
- ✓ Schutz vor den Sorgen anderer
- ✓ Wenn zu viele Menschen um einen herum Hektik verbreiten und man befürchtet, aus dem Gleichgewicht zu geraten
- ✓ Wenn man sich durch Lärm, Licht, medizinische Apparatur beeinträchtigt fühlt
- ✓ Wenn sich die Schwangere in einer Situation befindet, von der sie negative Auswirkungen auf ihr Kind befürchtet
- ✓ Als Schutz vor Elektrosmog und Ultraschall für das Ungeborene
- ✓ Um sich vor Einflüssen abzuschirmen, denen man nicht nachgeben möchte, zum Beispiel von Seiten des Arztes
- ✓ Um während der Geburt bei sich selbst zu bleiben
- ✓ Als Schutz für das Neugeborene (auf die große Fontanelle geben und ins Badewasser)

Blütenhilfe

Wann immer sich Fälle ergeben, in denen einem die Zeit zu differenzierender Analyse fehlt und schnell gehandelt werden muss, empfiehlt sich der Einsatz der Blütenhilfe. Blütenhilfe ist der Name einer speziellen *Notfallmischung*, die, anders als die bekannten Rescue-Tropfen aus der Bachblütentherapie, besonders auf die Bedürfnisse von Frauen und Kindern abgestimmt ist. Dies bedeutet nicht, dass nicht auch Männer sie einnehmen können, doch durch viele Tests hat sich gezeigt, dass eher Frauen als Männer darauf ansprechen. Eine Erklärung dafür findet sich in der *Zusammensetzung*:

- **Birne** ist eine Blütenessenz weiblicher Energie (yin), sie stützt und stärkt bei starker Erregung und Angst, die bis zur Panik gehen kann. Ihr Einsatzbereich findet sich rund um das Thema »Mütterlichkeit«. Wenn die Schwangere darüber besorgt ist, ob sie ihrer Verantwortung gerecht werden kann oder das Kind auch gesund sein wird, wenn die eigene Mutterschaft nicht selbstbewusst angenommen wird, wenn ganz allgemein ein Notfall während einer Schwangerschaft oder Geburt eintritt, sollte immer an die Birnenblüte gedacht werden.

- **Doldiger Milchstern** ist die Blüte, die bei Verletzungen, Schocks und Traumatisierungen zum Einsatz kommt. Sie besänftigt und gibt neuen Mut. Der Doldige Milchstern wird als »die« Geburtsblüte rund um die Geburt und zur Abmilderung ihrer möglicherweise traumatischen Folgen am häufigsten eingesetzt.

- **Rosmarin** sorgt für das Standhalten, bringt den Kreislauf wieder in Gang, macht Mut und hilft, sich schwierigen Auseinandersetzungen zu stellen. Wenn man am liebsten davonlaufen oder in Ohnmacht fallen möchte, nur um nicht die erwartete Schreckenssituation durchstehen zu müssen, bringt Rosmarin neue Energie und Standhaftigkeit. Er hilft zum Beispiel bei Geburtsstillstand oder bei übermäßiger Erschöpfung, wenn alles zu lange dauert.

- **Schmalblättriges Weidenröschen** ist wie die Birne eine Yin-Blütenessenz. Sie heilt die Verletzungen der Frauen, damit gemeint sind sowohl körperliche als auch seelische Verletzungen, beispielsweise im weiblichen Selbstwertgefühl. Zudem arbeitet das Weidenröschen auch auf der unbewussten Ebene, wo manche Verletzung weiter wirkt, auch wenn sie oberflächlich bereits verheilt scheint.

❀ **Weiße Schafgarbe** ist die Schutz-Blüte. Sie wird eingesetzt in Zeiten großer Offenheit – wie beispielsweise bei der Geburt –, wenn schädliche Einflüsse auf einen einwirken, gegen die man sich nicht zu wehren weiß. Die Weiße Schafgarbe schirmt vor solchen Einflüssen ab und hilft, die eigene Energie bei sich zu behalten, anstatt sie durch Abwehrmaßnahmen zu schwächen.

Für die Selbstherstellung der Notfallmischung, die wie die einzelnen Blütenessenzen fertig zu erwerben ist (Adresse siehe Seite 163), benötigt man jeweils zwei Tropfen der fünf Mutteressenzen für die Vorratsflasche (mit Alkohol auffüllen, siehe Seite 8 ff.). Sollte diese gerade nicht zur Verfügung stehen, können zum Beispiel auch in einem Glas mit Wasser je zwei Tropfen der fünf Blütenessenzen aus den Vorratsflaschen (Stock Bottles) zusammen gemischt werden.

Blütenhilfe sollte – anders als die übrigen Blütenessenzen – nicht per Einnahmefläschchen regelmäßig genommen werden, da eine Gewöhnung an ihre Schwingungsqualität ausdrücklich nicht erwünscht ist. Sollte nämlich dann ein wirklicher Notfall eintreten, kann die Blütenhilfe nicht mehr die gewünschte Wirkung zeigen. In besonderer Krisensituation mag die Blütenhilfe maximal zwei Wochen lang genommen werden. Ansonsten empfiehlt sich die Wasserglasmethode, d.h., man gibt zwei Tropfen Blütenhilfe in ein Glas Wasser und trinkt dieses schlückchenweise nach Bedarf aus. Sie kann auch auf Stirn und Nacken gerieben oder tropfenweise pur aus der Stock Bottle eingenommen werden.

3

Blütenöle und Blütencremes

Blütenöle

Blütenessenzen werden aus Blütenenergie, Sonnenenergie und Wasser gewonnen und in Alkohol konserviert. Daneben besteht die Möglichkeit, Ölessenzen aus den Blütenpflanzen herzustellen. Dies bietet sich bei manchen Pflanzen an, die sich besonders für die äußere Anwendung eignen. Einige Menschen wollen nicht mit alkoholhaltigen Blütenessenzen massiert werden, weil sie den Geruch nicht angenehm finden oder Alkohol auf der Haut schlecht vertragen. Zudem verfliegt Alkohol sehr schnell, er eignet sich daher weniger gut zu Massagezwecken. Wünscht man größere Körperpartien zu massieren, kommt man ohne ölige Grundlage nicht aus.

Die einfachste Lösung für dies Problem liegt darin, in der Hand das Massageöl und wenige Tropfen Blütenessenz aus der Stock Bottle zu verreiben. Die Wahl des Öls kann sich dabei ganz nach den Bedürfnissen der zu massierenden Person richten. Olivenöl eignet sich zwar ausgezeichnet und ist besonders hautfreundlich, wird jedoch wegen seines Eigengeruchs oft abgelehnt. Sonnenblumenöl ist am preisgünstigsten, man kann aber ebenso gut Traubenkernöl, süßes Mandelöl oder irgendein anderes pflanzliches Öl verwenden, das man besonders gut verträgt und mag.

Einige der Blütenessenzen werden hingegen so häufig zum Massieren verwendet, dass sich die Herstellung eines Blütenöls empfiehlt. Generell gelten für die Herstellung eines Blütenöls die gleichen Regeln wie für die Herstellung der Blütenessenz; das Quellwasser wird dabei durch ein Öl nach eigener Wahl ersetzt. Bei den drei am häufigsten verwendeten Ölen gibt es kleine Unterschiede zu beachten.

Löwenzahnöl und Öl aus Weißer Schafgarbe

Beide Öle werden auf gleiche Weise hergestellt. Genau wie bei der Essenzherstellung braucht man einen klaren, ungetrübten Tag mit viel Sonne. Anstatt in Quellwasser werden die entsprechenden Blüten allerdings in ein Glasschälchen mit einem Viertelliter Öl gepflückt, empfehlenswert sind Sonnenblumen- oder Olivenöl. Das Öl wird, anders als das Wasser, von den Blüten aufgesogen, so dass recht schnell die Blüten nicht mehr auf dessen Oberfläche schwimmen, sondern ganz eintauchen. Sobald dies der Fall ist, gibt man eine weitere Lage Blüten hinzu.

Eine Wasseressenz ist schon nach wenigen Stunden fertig, Öl als etwas zäheres Medium braucht ein wenig länger, um die Blütenenergie aufzunehmen. Daher wird dieser Vorgang an drei aufeinander folgenden Tagen mit jeweils frischen Blüten wiederholt. Am Ende jeden Tages seiht man das Öl durch ein Tuch, so dass man es am nächsten Morgen erneut verwenden kann. Erfahrungsgemäß geht dabei jedes Mal ein wenig an Volumen verloren, was aber kaum ins Gewicht fällt, bedenkt man, dass es sich hier erst um die Mutteressenz handelt. Meist sind am Ende des dritten Tages gerade noch 100 ml von dem ursprünglich vorhandenen Viertelliter übrig. Diese werden mit der fünffachen Menge Jojobaöl vermischt, womit die Herstellung der Mutteressenz abgeschlossen ist. Jojobaöl hat die Eigenschaft, nicht mit Luft zu reagieren und somit länger haltbar zu sein als andere pflanzliche Öle. Unsere Experimente haben gezeigt, dass dieses Blütenöl nach fünf Jahren Lagerung immer noch gut konserviert ist, und um eine endgültige Feststellung über die Haltbarkeit machen zu können, müssen wir abwarten, bis die erste Flasche tatsächlich »umgekippt« ist.

Von dieser Uressenz nun gibt man 10 Tropfen in ein 30-ml-Fläschchen, das man anschließend mit einem Pflanzenöl eigener Wahl auffüllt. Diese Verdünnung entspricht in etwa der Stock Bottle. Man kann dieses Öl direkt zu Massagezwecken verwenden, es aber auch noch einmal 50 : 50 weiterverdünnen, je nach Bedarf und Wohlgefühl bei der Massage.

Johanniskrautöl

Die ersten Schritte der Herstellung gleichen denen von Löwenzahnöl und dem der Weißen Schafgarbe: An drei aufeinander folgenden Tagen wird ein Schälchen mit Öl und jeweils frischen Johanniskrautblüten in die Sonne gestellt. Anschließend wird jedoch keine Konservierung vorgenommen, sondern man gießt das verbliebene Öl in ein verschließbares Glas mit einer Größe zwischen 250 und 500 ml, fehlendes Öl kann man hinzugeben. Dieses Glas, zum Beispiel ein Konfitürenglas, wird nun mit Johanniskrautblüten gefüllt, die vollständig mit dem Öl bedeckt sein müssen. (Berühren manche pflanzlichen Teile nur die Oberfläche des Öls, bildet sich schnell Schimmel, und das Öl nimmt einen fauligen Geruch an. In diesem Fall muss es weggeschüttet werden.) In den kommenden drei bis sechs Wochen, in denen das Glas irgendwo zugeschraubt an einem sonnigen Plätzchen steht, extrahiert das Öl auch die materiell wirksamen Bestandteile, also den roten Pflanzensaft, aus den Blüten. Es nimmt nun den Geruch der Pflanzen an, so dass man dem fertig abgefilterten, rot gefärbten Johanniskrautöl die Grundsubstanz, das Olivenöl, nicht mehr anmerkt. Dieses Öl ist nun gebrauchsfertig – es ist eine wunderbare Mischung aus energetischer und materieller Komponente, ein Öl, das zugleich Essenz ist.

Wie Blütenöle wirken

Sie entsprechen denen der Blütenessenzen: Löwenzahnöl wird dort einmassiert, wo man verspannt ist, und Weiße-Schafgarbe-Öl dort, wo sich die Schwachstelle des Körpers befindet. Johanniskrautöl dient vor allem dem Hautschutz, darf aber nicht angewendet werden, bevor man in die Sonne geht, da es die Haut für deren Strahlung öffnet und somit Sonnenbrand fördert. Johanniskrautöl wirkt sehr gut im Bereich des Sonnengeflechts, man kann es bei Ängsten und Unterleibsbeschwerden auf Bauch und Rücken reiben. Dies beruhigt und entspannt.

Blütencremes

Für die Selbstbehandlung mit Blütenessenzen erscheint die Verwendung von Blütencremes geeigneter als die von Blütenölen, da sie als Wasser-Öl-Emulsion schneller in die Haut einziehen. Fertige Cremes sind bereits im Handel erhältlich, zum Beispiel mit den Essenzen von Löwenzahn, Kleiner Braunelle und Weißer Schafgarbe, es ist aber auch möglich, sich den persönlichen Bedürfnissen entsprechend eine eigene Blütencreme herzustellen.

Geeignet dafür ist eine möglichst neutrale Creme, von der man weiß, dass man sie gut verträgt. Voraussetzung ist aber eine pflanzliche Grundlage, denn mineralisches Öl in einer Creme zerstört die Blütenenergie und ist daher nicht empfehlenswert. Es lohnt sich, die kleingedruckten Angaben über die Zusammensetzung auf der Verpackung zu studieren. Je weniger Einzelbestandteile sich insgesamt in einer Creme befinden, desto geringer ist generell auch das Allergierisiko. Am sichersten ist natürlich die eigene Herstellung der Creme, allerdings auch am aufwendigsten. Sie hat jedoch den Vorteil, dass man genau weiß, was enthalten ist, und daher keine allergischen oder Unverträglichkeitsreaktionen zu befürchten braucht. Die einfachste Creme besteht aus nichts weiter als Wasser, Öl und einem Emulgator. Jeder weitere Bestandteil ist verzichtbar, kann aber bei guter Verträglichkeit die Qualität erhöhen, beispielsweise Bienenwachs als Festiger oder Kakaobutter für die Geschmeidigkeit.

Blütencremes sollten immer nur in der Menge hergestellt werden, die man in etwa für den gewünschten Zweck auch verbrauchen wird; dies erspart Konservierungsstoffe. Man besorgt sich dafür ein kleines Porzellandöschen, wie es in Naturkosmetikläden für wenig Geld erhältlich ist. Da hinein füllt man die gewählte Menge der Creme, zum Beispiel 10 g bzw. 10 ml. Es gilt hier die Regel, dass man pro Gramm bzw. Milliliter Creme einen Tropfen aus der Stock Bottle benötigt, also 10 Tropfen auf 10 g Creme. Möchte man eine Blütenmischung zusammenstellen, verändert sich dies Verhältnis insgesamt nicht. Man würde dann zum Beispiel je fünf Tropfen Löwenzahn- und Rosmarinblütenessenz einrühren. Auch für Cremes gilt wie für Einnahmemischungen eine Obergrenze von maximal sechs verschiedenen Blütenessenzen pro Zubereitung.

Babycreme

Neugeborene und Kleinkinder benötigen in der Regel keine Blütenenergien. Es wäre sicher auch nicht angeraten, ihnen die mit Alkohol haltbar gemachten Tropfen zu geben. Dennoch können auch Babys von Blütenessenzen profitieren: über ihre Mutter. Im Normalfalle reicht es, wenn die Mutter die Blüten einnimmt. Sie gibt deren Schwingung über die Muttermilch an ihr Kleines weiter. In einer harmonischen Mutter-Kind-Beziehung kann die Mutter ganz ihren Instinkten vertrauen, wenn es um die Beurteilung der Befindlichkeit ihres Nachwuchses geht. Wenn sie glaubt, ihr Kind brauche Apfelenergie, kann sie nichts falsch machen, wenn sie selbst Apfelblütenessenz einnimmt. Manchmal mag ihr spontan die richtige Blüte einfallen, wenn sie deren Fotos betrachtet und dabei an ihr Kind denkt.

Aufgrund der Häufigkeit von Anpassungsproblemen der Neugeborenen an die neue Welt haben wir aber auch eine spezielle Rezeptur für Babys entwickelt, die entweder von deren Müttern als Essenz eingenommen oder aber den Kindern in einer Creme ein- oder mehrmals nach Bedarf sanft auf den Bauch gerieben werden kann. Es ist eine fertige Babycreme im Handel erhältlich (Adresse siehe Seite 163), man kann sie auf die oben beschriebene Weise jedoch auch selbst herstellen (im Verhältnis 1 : 1, Tropfen Essenz : Gramm Creme). Folgende Blütenessenzen gehören hinein:

- **Echtes Springkraut**
  Diese Blütenessenz stärkt das Urvertrauen, die Gewissheit, so wie man ist, akzeptiert und geliebt zu werden, ohne Gegenleistungen erbringen zu müssen. Sie gibt Sicherheit und Geborgenheit und damit Entspannung.

- **Kleine Braunelle**
  Diese Blüte regt die körpereigene Abwehr an, die ja zu Beginn des Lebens erst ganz neu ausgebildet werden muss. Sie stärkt die Bewusstheit für den eigenen Körper, lässt sich in ihm zu Hause fühlen und ihn lieben.

- **Stechpalme**
  Die Stechpalme besänftigt die Wut, aus dem Paradies vertrieben worden zu sein, die Wut, plötzlich Hunger haben zu müssen, Eigenenergie für den Stoffwechsel aufbringen zu müssen, die Wut, getrennt von der Mutter zu sein. Insgesamt hat sie eine beruhigende und besänftigende Wirkung.

- **Weiße Schafgarbe**
  Dies ist die Schutzkomponente der Blütenmischung. Die Weiße Schafgarbe schirmt gegen schädliche Einflüsse genau dort ab, wo das Immunsystem noch nicht stark genug zum Selbstschutz ist.

Die Babycreme hat sich auf körperlicher Ebene, insbesondere in Fällen von starkem Juckreiz, Schmerz und Verdauungsproblemen, als günstig erwiesen. Sie wird so lange eingesetzt, bis die Problematik behoben ist. Im Zweifelsfalle sollte immer ein

Arzt zur Beurteilung hinzugezogen werden, denn Blütenessenzen können und sollen keine ärztliche Untersuchung und Behandlung ersetzen oder gar verhindern.

Aufbewahrung von Blütenölen und Blütencremes

Blütenessenzen wie -öle und -cremes stellen wenig Ansprüche auf besondere Behandlung. Sie sollten nicht direktem Sonnenlicht ausgesetzt werden, weshalb sie meist ohnehin in Braunglasfläschchen bzw. Porzellandöschen abgefüllt werden. Sie sollten ebenfalls nicht stark erhitzt werden. Bis etwa 50 °C bleibt die Energie sicher erhalten (also im Sommer nicht im Auto liegen lassen), Raumtemperatur ist sehr günstig, für Blütenöle ist Kellertemperatur noch besser.

Geschützt werden sollten Essenzen, Öle und Cremes vor elektromagnetischen Feldern, d.h., sie sollten stets mit einem Mindestabstand von einem Meter Entfernung von Kühlschränken, Telefonen, Stereoanlagen, Computern etc. gelagert oder besonders geschützt werden, indem man den Aufbewahrungsort gegen die Strahlung abschirmt. Dies kann zum Beispiel durch Schwarze Turmaline (die Edelsteine sind unter anderem in esoterischen Läden erhältlich) geschehen, die man rund um sein »Blütenkästchen« platziert.

4

Blütenbäder

Wasser ist – neben Öl – der eigentliche Energieträger der Schwingungsfrequenz der Blütenessenzen. Je intensiver der Kontakt des Körpers, nicht nur etwa der Mundschleimhaut, mit der Blütenenergie ist, desto deutlicher und angenehmer sind ihre Auswirkungen. Dieselbe Information, die von der Blüte übermittelt wird, kann bei einem Vollbad über den ganzen Körper aufgenommen werden, wirkt somit auch direkt in Bereichen, in denen unser Körper psychische Altlasten speichert. Die Kontaktintensität lässt die Blütenenergie leichter aufnehmen, die Wirkung wird schneller und deutlicher spürbar als bei der Einnahme der Essenz. Und nicht zuletzt ist das Blütenbad eine besonders angenehme Anwendungsform.

❀ **Meersalzbad**

In ein großes verschließbares Glas (vielleicht Einmachglas) werden 500 g Meersalz gegeben. Dazu kommen zehn Tropfen ätherisches Öl und zehn Tropfen Blütenessenz jeweils nach Wahl (ätherisches Öl kann bei Unverträglichkeit auch weggelassen werden). Dann wird das Glas verschlossen und gut durchgeschüttelt. Von der entstandenen Mischung benötigt man für ein Vollbad ca. zwei bis drei Hände voll. Da Meersalz die Haut leicht austrocknet, ist es wichtig, sich nach dem Bad mit einem guten Körperöl oder mit Körpermilch einzureiben. Sehr empfehlenswert sind natürlich Öle mit Zusatz von Blütenessenzen.

❀ **Honigbad**

In ein Glas werden 50 g Bienenhonig, ca. zehn Tropfen ätherisches Öl (nur bei guter Verträglichkeit) und zehn Tropfen Blütenessenz gegeben. Das Ganze im

Wasserbad langsam erwärmen (nicht über 42 °C), bis sich alles gelöst hat. Von dieser Mischung zwei Esslöffel ins warme Badewasser einrühren.

❀ **Sahnebad**
In ein verschließbares Glas ca. 50 ml Sahne geben, einen Esslöffel Johanniskrautöl, fünf Tropfen ätherisches Öl (nur bei guter Verträglichkeit) und zwei Tropfen Blütenessenz. Das Ganze gut durchschütteln, damit sich eine Emulsion bildet, dann ins Badewasser gießen.

Blütenrezepturen für Bäder

Nach den oben stehenden Grundrezepten können individuelle Bädermischungen zubereitet werden. Wieder gilt auch hier eine Höchstgrenze von sechs verschiedenen Blütenessenzen pro Anwendung, in diesem Fall pro Bad. Entsprechend müssen die Rezepturen modifiziert werden. Gilt zum Beispiel beim Sahnebad eine Menge von zwei Tropfen Blütenessenz auf ein Bad, nimmt man bei einer Mischung zwei Tropfen pro ausgewählter Blüte, während die Gesamtzahl der Tropfen bei Meersalz- bzw. Honigbad entsprechend durch die Anzahl der zu verwendenden Blütenessenzen geteilt werden muss; das bedeutet bei Auswahl von zwei Blüten, jeweils fünf Tropfen von der Essenz zu nehmen. Folgende Blütenessenzen eignen sich:

Entspannungsbad:	**Energiebad:**	**Rezept für Wassergeburt:**
Löwenzahn	Löwenzahn	Löwenzahn
Drüsentragendes Springkraut	Rosmarin	Granatapfel
Birne	Apfel	Echtes Springkraut
	Quitte	Strahlenlose Kamille

Selbstverständlich können auch diese Rezepte nach den individuellen Bedürfnissen variiert werden, sie mögen nur als Anregung gelten.

5

Blütenessenzen und ätherische Öle

Ätherische Öle werden häufig ebenfalls als »Essenzen« bezeichnet, beispielsweise als Duftessenzen. Im Gegensatz zu den Blütenessenzen aber kommt bei ihnen eine materielle Wirkung zum Tragen. Ätherische Öle kommen in Pfefferminzbonbons ebenso vor wie in atmungserleichternden Salben, die bei Erkältungen benutzt werden, aber auch als Aromen in Lebensmitteln und Duftstoffe in Parfums. Ätherisches Öl wird in mehr oder weniger komplizierten Prozessen den Pflanzen entzogen – oft wie erwähnt auch aus nichtmedizinischen Gründen. Seit einiger Zeit aber treten auch seine heilenden Eigenschaften mehr und mehr in den Vordergrund, vor allem durch die von Jean Valnet begründete Aromatherapie; sie arbeitet ausschließlich mit ätherischen Ölen, die nicht selten auch eingenommen werden. Man kann die Aromatherapie als Zweig der Pflanzenheilkunde (Phytotherapie) bezeichnen, ihre Indikationen werden auf schulmedizinischem Wege festgestellt.

Daneben wurden immer häufiger stimmungsbeeinflussende Wirkungen beobachtet, wenn die ätherischen Öle in einer Duftlampe verwendet wurden. Dies sind meist künstlerisch geformte Gefäße, in die Wasser und wenige Tropfen Öl gegeben werden. Unterhalb dieses Gefäßes wird ein Teelicht angezündet, so dass dessen Wärme das Wasser mit dem Öl allmählich verdunsten lässt und dadurch eine besondere Duftatmosphäre verbreitet.

Die Wirkung von ätherischen Ölen ist vergleichbar mit der von Blütenessenzen. Es lohnt sich, zusätzlich zum Öl oder stattdessen Blütenessenzen über eine Duftlampe in die Raumatmosphäre einschwingen zu lassen. Von jeder gewünschten Blütenessenz nimmt man unabhängig von der Raumgröße zwei Tropfen. Die benötigte Menge ätherischer Öle dagegen ist abhängig von der Größe des Raums, den man mit ihrer Hilfe sowohl desinfizieren als auch mit einem großartigen Duft, gepaart mit der subtilen Wirkung der Blütenessenzen, anreichern kann. In einem kleinen Wohnraum können schon zwei Tropfen ätherisches Öl ausreichend sein, um einen angenehmen und deutlich wahrnehmbaren Duft zu verbreiten. Empfehlenswert ist, immer mit einer geringen Tropfenzahl zu beginnen, schon ein Tropfen zu viel kann die Wirkung der Öle ins Unangenehme, weil zu aufdringlich, umschlagen lassen. Sollte der Duft in einem großen Raum »untergehen«, kann man bedenkenlos ein wenig mehr Öl in das Duftlämpchen geben.

Für Blütenessenzen gibt es generell keinerlei Gegenindikationen – im ungünstigsten Fall bleiben sie wirkungslos. Für ätherische Öle dagegen gilt dies nicht! Jedes Öl sollte vor seiner eigentlichen Anwendung auf Verträglichkeit und auf eine mögliche allergieauslösende Wirkung getestet werden. Dazu reibt man einen winzigen Tropfen in die Ellenbeuge. Sind nach 24 Stunden keine Reaktionen wie Rötung, Jucken oder Ähnliches aufgetreten, kann das Öl benutzt werden.

Kontraindizierte ätherische Öle aufgrund ihrer abortiven Wirkung
Basilikum, Beifuß, Eisenkraut, Ingwer, Kalmus, Kampfer, Muskat, Nelke, Petersilie, Pfeffer, Rainfarn, Sadebaum, Safran, Senf, Thuja, Wacholder, Wermut, Zimt
Dies gilt auch für deren homöopathische Zubereitung. Zwar löst nicht jedes dieser homöopathischen Mittel Fehlgeburten aus, die Homöopathie sollte aber dennoch nicht von Laien zu Experimenten benutzt werden.

Empfehlenswerte ätherische Öle
Anregend wirken: Eukalyptus, Rosmarin, Zitrone
Beruhigend wirken: Anis, Baldrian, Bergamotte, Kamille, Kiefer, Lavendel, Majoran, Melisse, Salbei, Zeder
Krampflösend wirken: Bohnenkraut, Kamille, Kiefer, Liebstöckel, Majoran, Neroli, Rosmarin, Salbei, Schafgarbe

6

Selbstbehandlung mit Blütenessenzen

Blütenessenzen sind Energieträger. Wenn man sie aufnimmt und ihre Energie auf innere Resonanz stößt, beginnt man, sich ihrem energetischen Niveau anzupassen. Diese Wirkung könnte man mit der von Musik vergleichen, in deren Rhythmus man mitschwingen kann – oder auch nicht, wenn man nicht mag –, und der von ihr ausgehenden Stimmung nachspüren. Man kann sich von Musik inspirieren lassen, sich anregen oder entspannen lassen, sich auf Trauer oder Jubel einstellen, also sowohl körperlich als auch gefühlsmäßig reagieren, genau wie einem dies mit der Hilfe von Blütenessenzen möglich ist. Doch während für Musik nur das Ohr die Einlasspforte darstellt, korrespondieren mit der Blütenenergie eine ganze Reihe, teilweise von Blüte zu Blüte verschiedene Körperzonen, die deren Aufnahme in den Körper erleichtern und beschleunigen.

In diesem Kapitel möchten wir verschiedene Selbstbehandlungstechniken mit Blütenessenzen vorstellen, die bei akuten Störungen angezeigt sein können. Generell gilt nämlich, dass die Wirkung der Blüten, an geeigneter Stelle äußerlich angewendet, schneller zum Tragen kommt, als wenn man sie tropfenweise einnimmt. Der Nachteil dabei ist, dass die Wirkung nicht so dauerhaft ist wie bei innerer Anwendung, so dass sie häufiger wiederholt werden muss.

Kurz gefasst können wir sagen: Die Wirkung bei der Einnahme benötigt mehr Zeit, ist dafür dauerhafter, die Wirkung bei äußerer Anwendung setzt schnell ein, lässt aber früher nach. Daher empfiehlt sich die Einnahme immer, wenn es um grundsätzliche Schwächen einer Person geht. Ist jemand zum Beispiel häufig ängstlich, lohnt sich die Bereitung eines Einnahmefläschchens. Die äußere Anwendung dagegen ist bei kurzfristigen Störungen angesagt, zum Beispiel wenn jemand aufgrund irgendeines beängstigenden Vorfalls besonders verspannt ist, ansonsten aber weniger Probleme mit Angst hat. Hier soll es nun um die Selbstbehandlung akuter Störungen gehen.

In allen Situationen, die plötzlich eintreten, einem wenig Zeit zum Nachdenken lassen, aber schnelles Handeln erforderlich machen, sei auf die Blütenhilfe (siehe Seite 117 f.) verwiesen, die über den ersten Schock eines Notfalls hinweghelfen soll. Sie kann zwar keinen Notarzt ersetzen, aber die Zeit bis zu dessen Eintreffen überbrücken helfen. Bleibt jedoch ein wenig Zeit zum Innehalten und Überdenken der Situation und des eigenen Zustandes, sind die verschiedenen, im kommenden Abschnitt beschriebenen Techniken angemessener, weil sie besser auf die persönlichen Bedürfnisse abgestimmt werden können.

Kontraindikationen und Nebenwirkungen sind beim Einsatz von Blütenessenzen ausgeschlossen (im ungünstigsten Fall wird einfach keine Wirkung auftreten), allerdings hüte man sich vor Selbstüberschätzung. Blütenessenzen sind keine Wundermittel und sollten niemanden davon abhalten, sich mit Fragen und Beschwerden an den Arzt, die Hebamme oder den Heilpraktiker des Vertrauens zu wenden.

Die im Folgenden angegebenen Massagepunkte werden immer leicht massiert, niemals hart oder an die Schmerzgrenze gehend; die Berührung muss angenehm bleiben. Man gibt zwei Tropfen der ausgewählten Blütenessenz (oder – in Ausnahmefällen – je zwei Tropfen von maximal sechs Blütenessenzen) auf diesen Punkt und massiert diesen drei bis fünf Minuten lang, wo angegeben möglichst beidseitig. Wer den Alkohol auf der Haut nicht mag, kann ein Papiertaschentuch auf Tupfergröße zurechtschneiden, dies mit Wasser anfeuchten, dann zwei Tropfen Essenz daraufgeben und dieses zum Massieren verwenden. Ebenso kann man auch ein wenig Blütencreme zubereiten: Dazu nimmt man wenig von einer Creme, die man ohnehin benutzt und gut verträgt, und gibt pro Gramm Creme einen Tropfen Essenz hinzu. Vor dem Auftragen muss die nun entstandene Blütencreme sehr gut verrührt werden. Möglich ist auch, ein paar Tropfen eines guten pflanzlichen Öls, beispielsweise Sonnenblumenöl, in der Handfläche mit zwei Tropfen Blütenessenz zu verreiben und diese Mischung dann zum Massieren zu verwenden.

Angst/emotionaler Stress

Es gibt zwei Bereiche im Gesicht, die bei der Selbstbehandlung von Angst- und emotionalen Stresszuständen eine besondere Rolle spielen. Man kann sie durch direktes Beträufeln mit Blütenessenz aus der Stock Bottle behandeln; wer nicht gerne nach dem konservierenden Cognac riechen mag, rührt sich ein wenig Creme mit den ausgewählten Blüten an (siehe Seite 121 f.).

Die Emotionalzonen für Stress befinden sich auf der Stirn. Ihre Reaktionsfähigkeit lässt sich leicht in einem kleinen Selbstversuch überprüfen. Legen Sie zu diesem Zweck die Fingerspitzen genau auf die Mitte Ihrer Augenbrauen, fahren Sie von dort ausgehend ganz leicht tastend die Stirn aufwärts in Richtung Haaransatz entlang. Oberhalb der Augenbrauen spüren Sie eine leichte Vertiefung des Knochens, ein wenig darüber stehen die so genannten Stirnbeinhöcker als zwei runde Wölbungen leicht hervor. Ertasten Sie den unteren Rand dieser Stirnbeinhöcker, aber üben Sie keinerlei Druck dabei aus. Dort können Sie einen ganz feinen Kapillarpuls spüren, den Sie allerdings sofort abdrücken, wenn Sie mehr tun, als nur die Fingerspitzen aufzulegen.

Wenn Sie den feinen Puls beidseitig ertastet haben, denken Sie an etwas Angenehmes, zum Beispiel einen für Sie besonders harmonisch verlaufenden Sommerferientag. Spüren Sie, dass der Puls auf beiden Stirnseiten vollkommen synchron schlägt. Denken Sie nun an etwas weniger Erfreuliches, an irgendeine kleine Gemeinheit, die Ihnen widerfahren ist. Nun können Sie feststellen, dass der Puls beinahe unmittelbar asynchron wird, d.h. auf beiden Stirnseiten nicht mehr gleichzeitig zu spüren ist.

So wie dieser feine Kapillarpuls einerseits emotionalen Stress sofort spürbar nach außen anzeigt, so dient er aber auch umgekehrt zur Beeinflussung eben dieses Stresses. Das bedeutet, Sie können die Blütenessenz genau an dieser Stelle einmassieren bzw. die Blütencreme hier auftragen. Eine weitere günstige Form der Selbstbehandlung besteht im Auflegen von Tüchern, die man zuvor in einer Blütenlösung angefeuchtet hat (je zwei Tropfen der ausgewählten Blütenessenzen pro 1/2 l Wasser). Selbstverständlich geht dies nur, wenn Sie die Möglichkeit haben, sich hinzulegen. Wird das Tuch warm und/oder trocken, dann tauchen Sie es, so oft Sie wollen, in die bereitstehende Blütenlösung.

Die Emotionalzonen reagieren besonders gut auf beruhigende Blütenessenzen. Wählen Sie aus Birne, Drüsentragendes Springkraut, Echtes Springkraut, Kiefer, Löwenzahn, Stechpalme, Strahlenlose Kamille, Weiße Schafgarbe die Ihnen am angemessensten erscheinende(n) Blüte(n) aus.

Gleich unterhalb der Augen finden Sie die bei Angst mit einzubeziehenden Zonen. Ertasten Sie dazu einmal die knöchernen Ränder der Augenhöhle. Die beidseitig etwas hervorstehenden Knochen unter den Augen heißen Jochbeine.

Genau diese werden bei akuten Angstzuständen mit Blütenessenzen oder -cremes behandelt. Verwenden Sie die Sie ansprechenden Blüten, die bereits genannt wurden, und/oder Doldiger Milchstern und Johanniskraut.

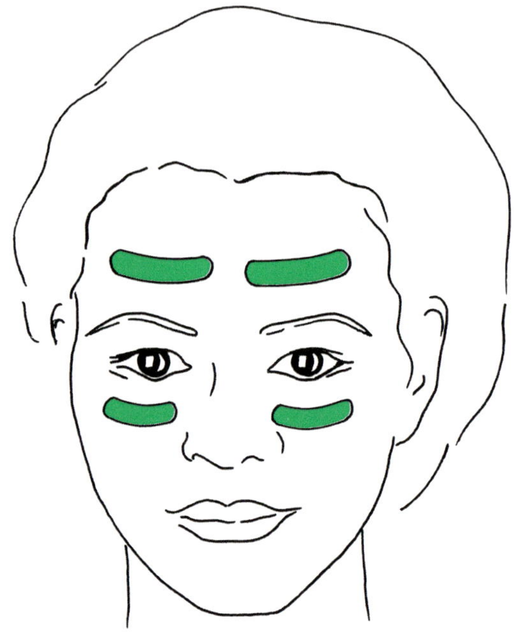

Emotionalzonen im Gesicht

Beckenendlage

Eine solche festzustellen und möglicherweise zu beeinflussen gehört eindeutig in die Kompetenz der Hebamme bzw. des Arztes. Die Blütenessenzen können dennoch hilfreich sein, nämlich wenn es darum geht, dem Baby einen kleinen Tipp zu geben, wie es sich zu bewegen hat, um die für die Geburt günstigste Lage einzunehmen, damit ein chirurgischer Eingriff zu vermeiden ist.

Frauen, die Bougainvillea während der Schwangerschaft eingenommen haben, berichteten von intensiven Träumen und »inneren Gesprächen« mit ihren Babys. Kinder reagieren oft recht schnell mit Bewegung auf die Bougainvillea, sie scheinen zu spüren, dass sie angesprochen werden. Aus der Folge Gedanke-Bewegung (bzw. Tritt) kann sich ein regelrechtes Zwiegespräch entwickeln. Bougainvilleaessenz scheint die Energie zu besitzen, einen intensiven Kontakt zwischen Mutter und Ungeborenem herzustellen.

Frauen, die im fortgeschrittenen Stadium ihrer Schwangerschaft von der ungünstigen Lage ihres Kindes erfahren, neigen zuweilen dazu, sich die schlimmsten Folgen auszumalen, was wiederum Stress und Anspannung auslöst. Manchmal hat gerade dies die Folge, dass dem Kind die Wendung nicht möglich ist. Die angemessene Blütenessenz ist in diesem Falle die Birne.

Birne und Bougainvillea sollten bei Beckenendlage des Kindes gemeinsam in einer Einnahmemischung genommen werden. Zusätzlich können Sie eine kleine

Meditation machen, wobei Sie sich vorstellen, wie Ihr Kind sich dreht oder Sie sich mit ihm darüber unterhalten. Vorteilhaft ist natürlich, wenn Sie bereits eine Entspannungstechnik wie das Autogene Training oder Ähnliches beherrschen. Vor Beginn dieser Meditation können Sie Ihren Bauch mit wenigen Tropfen Bougainvilleaessenz einreiben.

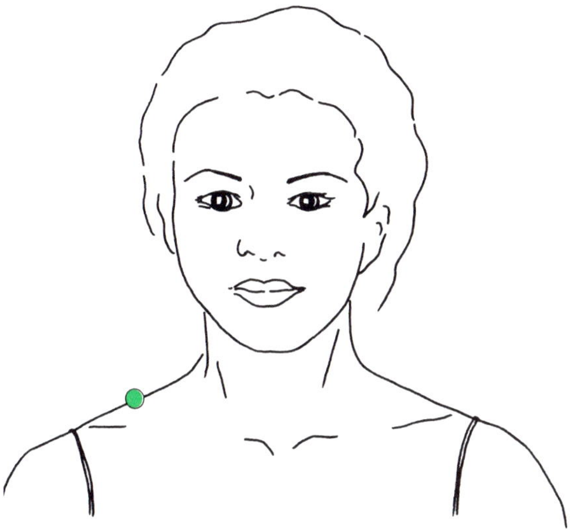

Gallenblase 21

Brustentzündung

Um eine Brustentzündung zu lindern, wird ein Bereich auf beiden Schultern mit Blütenessenzen massiert. Ausgehend vom Mittelpunkt des Schlüsselbeines fährt man auf einer gedachten Linie zum Rücken hin bis zur höchsten Stelle der Schulter, dort befindet sich ein Akupunkturpunkt, nämlich der Punkt 21 des Gallenblasenmeridians. Er ist am besten geeignet, die Blütenenergie unmittelbar jener Stelle im Körper zuzuleiten, wo sie am dringendsten benötigt wird.

Beidseitig wird dieser Punkt jeweils drei bis fünf Minuten lang mit einer ruhigen, kreisenden Bewegung leicht massiert. Dazu gibt man die Blütenessenz direkt aus der Stock Bottle auf die Stelle oder befeuchtet damit ein Stückchen Papiertaschentuch. Dies wiederholt man bei Bedarf stündlich, bei Besserung reduziert man auf dreimal täglich. Günstig ist die gleichzeitige Einnahme dieser Essenz.

Geeignet sind folgende Blütenessenzen: Birne, Stechpalme, Kiefer, Strahlenlose Kamille, Echtes Springkraut, Drüsentragendes Springkraut. Gewählt wird diejenige (oder auch mehrere), die dem persönlichen emotionalen Zustand am ehesten entspricht.

Ermüdung

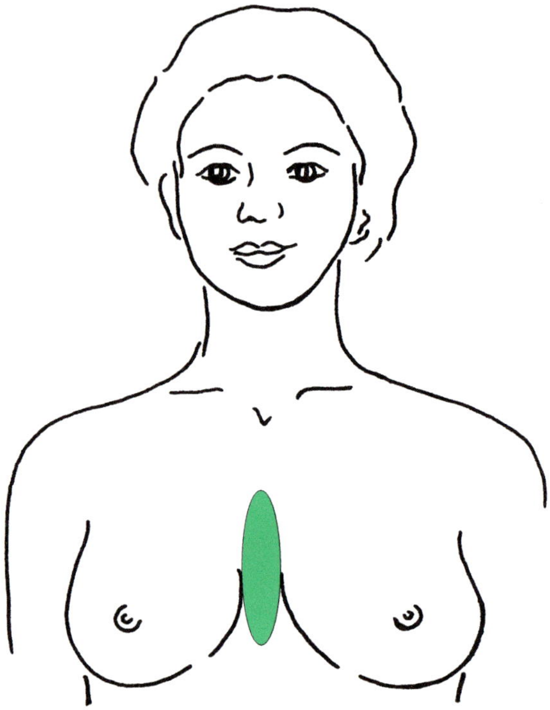

Mittlerer Bereich des Brustbeins

Kommt Ihnen jeder Schwangerschaftsmonat wie ein Jahr vor, und sind Sie der ganzen Angelegenheit überdrüssig und dauernd nur noch müde, empfiehlt sich die Einnahme der entsprechenden Blütenessenz(en) über vier Wochen. Benötigen Sie einen etwas schnelleren Energieschub, sollten Sie sich ein ausgedehntes Bad gönnen (Rezepturen siehe Seite 125 f.).

Besonders wirksam ist die Aktivierung des mittleren Bereichs des Brustbeins, dem flachen Knochen, an dem die Rippen zusammenlaufen. Dieser Bereich kann bis zu sechsmal täglich mit der ausgewählten Blütenessenz betupft oder mit einer entsprechenden Creme eingerieben werden. Verwenden kann man: Apfel, Birne, Granatapfel, Kleine Braunelle, Quitte, Rosmarin und/oder andere den emotionalen Zustand treffende Blütenessenzen.

Nachgeburtliche Niedergeschlagenheit

Weinen ohne erkennbaren Grund, Verzweiflung mitten im allseits erwarteten strahlenden Mutterglück, Niedergeschlagenheit statt Euphorie sind bisweilen die Folge auch einer glücklichen Geburt eines Wunschkindes. Durch emotional ausgleichende Blütenenergien kann hier das innere Gleichgewicht wiederhergestellt werden. Man muss nur daran denken – während depressiver Zustände »vergisst« man nämlich leicht, dass einem ja kleine Helfer zur Verfügung stehen. Die Blüten, die unterstützen können, sind Borretsch, Apfel und Doldiger Milchstern, evtl. auch Quitte und Granatapfel.

Ein besonderer Akupunkturpunkt für Borretsch ist der Punkt 7 des Lungemeridians. Dieser findet sich in einer kleinen Vertiefung der Speiche, also des Knochens,

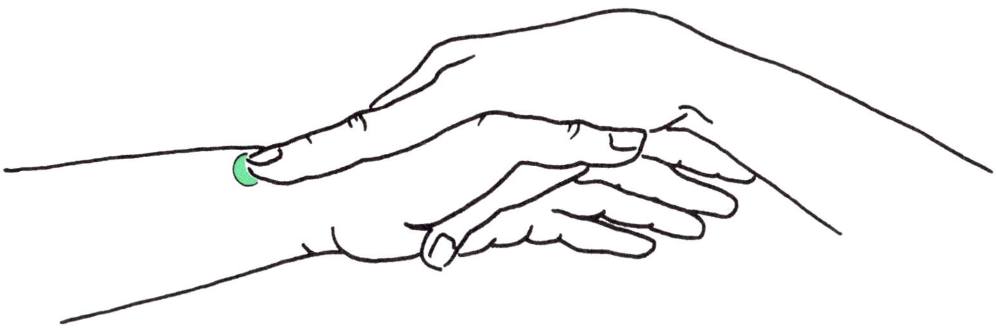

Lunge 7

der sich im Unterarm dem Daumen anschließt. Wenn man Daumen und Zeigefinger beider Hände sich kreuzen lässt, zeigt die Spitze des Zeigefingers genau auf diesen Punkt.

Apfelessenz eignet sich besonders für die Behandlung eines bestimmten Punktes des Herzmeridians mit dem Namen »Freude am Leben«, es ist Punkt 3. Dieser befindet sich in der Ellenbeuge, und zwar auf der Beugefalte genau zwischen der Sehne des Bizepsmuskels und dem herausstehenden Ende der Elle.

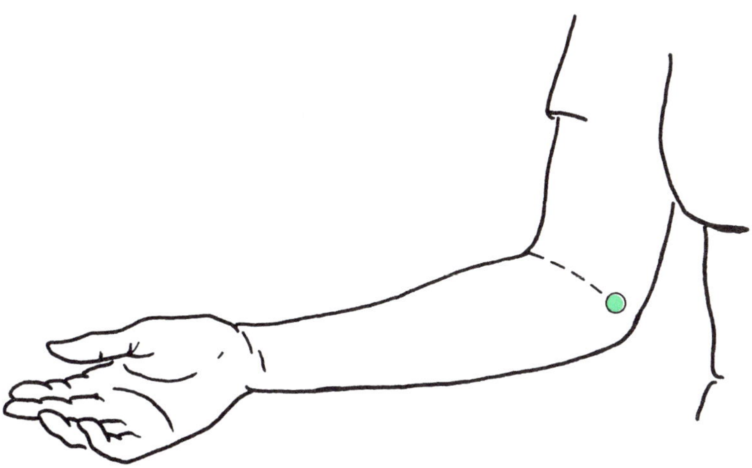

Herz 3

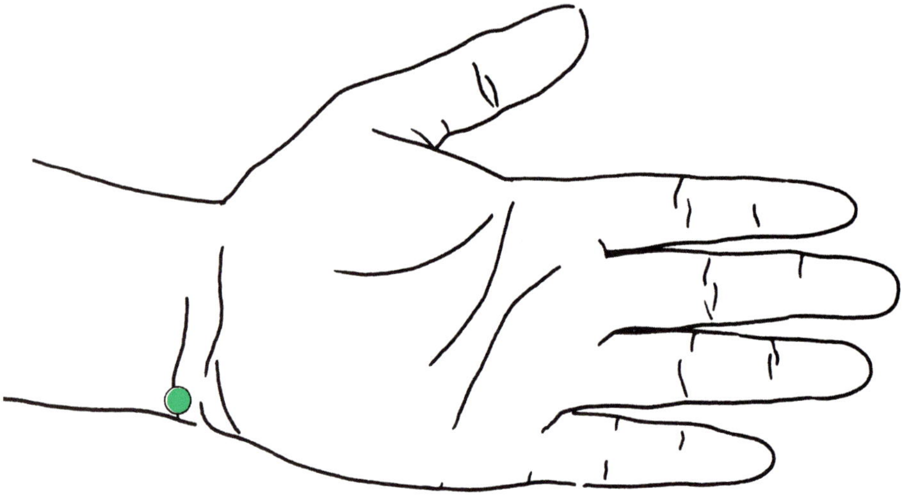

Herz 7

Ein wahrer Allzweckpunkt für die Beeinflussung von Verstimmung und Niedergeschlagenheit ist Punkt 7 des Herzmeridians, die »Straße zur Heiterkeit«. Er befindet sich auf der Innenseite des Unterarms, gleich unterhalb der Handgelenksfalte auf der Sehne, die unterhalb des kugelrunden Erbsenbeins zu tasten ist.

Narbenbehandlung

Narben bestehen aus vom Körper selbst gebildetem Ersatzgewebe, das die zerstörte Unversehrtheit der Körperdecke wiederherstellen soll, jedoch nicht in der Lage ist, sämtliche Aufgaben des ursprünglichen Gewebes zu übernehmen. Vor allem zerstörte Nervenbahnen bleiben trotz neu gebildeter Haut durch eine Narbe für immer unterbrochen. Man spürt dies deutlich, wenn man Narben mit den Fingerspitzen abtastet. Der Druck, den man auf die Narbe selbst ausübt, wird eher »nebenan« auf der gesunden Haut wahrgenommen. Narben sind, solange deren Gewebe nicht zu wuchern beginnt, an sich harmlos, sie können allerdings an ungünstiger Stelle den feinen Energiefluss der Akupunkturmeridiane beeinträchtigen bis unterbrechen, d.h. aber nicht, dass sie das zwangsläufig immer tun. Leitet man die entsprechende Blütenenergie in das Narbengewebe durch einfache äußere Anwendung hinein, kann der unterbrochene Energiefluss wiederhergestellt werden.

Ein besonders typischer Fall in unserem Zusammenhang rund um die Geburt stellt der Dammschnitt bzw. -riss dar. In der Akupunktur wird zwischen (»weiblicher«) Yin- und (»männlicher«)Yang-Energie unterschieden. Beide Energieformen besitzen jeweils einen besonderen Speichermeridian, den man sich vielleicht wie eine Ersatzbatterie vorstellen kann. Benötigt man für die Abwehr beispielsweise einer Infektion besonders viel Energie, wird diese zuerst aus den Speichermeridianen abgezogen, bevor man tatsächlich erkrankt. Beide Speichermeridiane haben jedoch auch mit dem entsprechenden weiblichen bzw. männlichen Selbstbewusstsein zu tun. Das Konzeptionsgefäß, der Yin-Meridian, verläuft von einem Punkt zwischen Anus und Vagina auf der vorderen Körpermittellinie aufsteigend bis zum Mund. Eine Narbe auf dieser Mittellinie kann möglicherweise seinen Energiefluss blockieren; wurde sie zudem durch einen Dammschnitt oder -riss verursacht, kann unter Umständen das Einströmen der Yin-Energie in diesen Meridian sogar verhindert werden. Die Folge davon ist ein steter Energiemangel, Krankheitsanfälligkeit und ein Mangel an weiblichem Selbstbewusstsein (»Ich bin gar keine ›richtige Frau‹«). Weniger dramatisch können die Folgen der Vernarbung eines Kaiserschnitts ausfallen, da diese den Yin-Meridian ein wenig weiter oben kreuzt (was aber unter Umständen den Nierenmeridian mitbetreffen kann).

Damit durch die Verletzung des Meridians keine andauernde Störung entsteht, sollten Blütenessenzen verwendet werden, am besten gleich nach deren Zustandekommen. Dazu benötigt man Tücher, die man regelmäßig in einer Mischung aus ca. 200 ml Wasser und je zwei Tropfen Essenz aus Doldigem Milchstern und Schmalblättrigem Weidenröschen anfeuchtet. Durch das Auflegen der Tücher kann die Wunde auch ein wenig gekühlt werden. Existiert die Narbe bereits eine Weile, empfiehlt es sich, sie über einen Zeitraum von drei Wochen einmal täglich drei bis fünf Minuten lang mit den beiden genannten Blütenessenzen sanft zu massieren. Dazu verwendet man keine Verdünnung, sondern die Essenz direkt aus der Stock Bottle.

Möglicherweise benötigt man noch weitere Blüten (zum Einnehmen). Diese werden nach der Blütencharakteristik ausgewählt, beispielsweise Strahlenlose Kamille bei Unsicherheit im Umgang mit dem eigenen Körper oder Apfel bei allgemeinem Energiemangel und dauernder Müdigkeit.

Schmerz

Entspannung und Beruhigung der Gefühle sorgen immer für Linderung von Schmerzen, während Verspannung und Angst diese verstärken. Bei akuten Schmerzzuständen kann selbstverständlich nicht die Wirkung nach Einnahme der

Blütenessenzen abgewartet werden, sondern auch hier empfiehlt sich Massage. Eingesetzt werden Löwenzahn, Kiefer, Doldiger Milchstern, Schmalblättriges Weidenröschen, Quitte, Echtes Springkraut, Strahlenlose Kamille – zumindest diejenigen

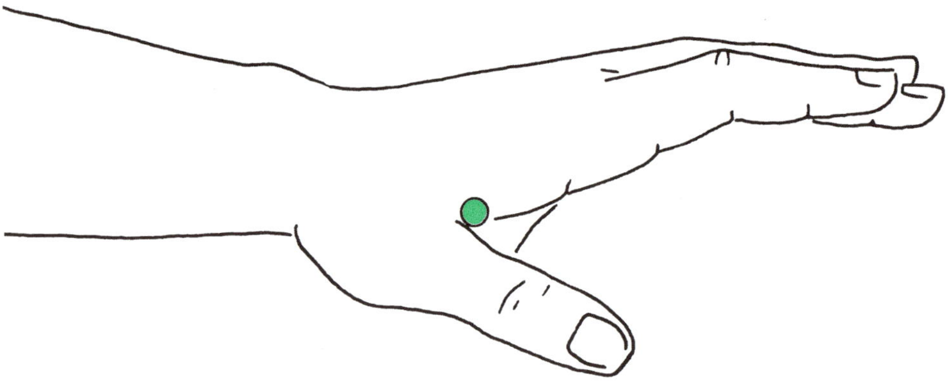

Dickdarm 4

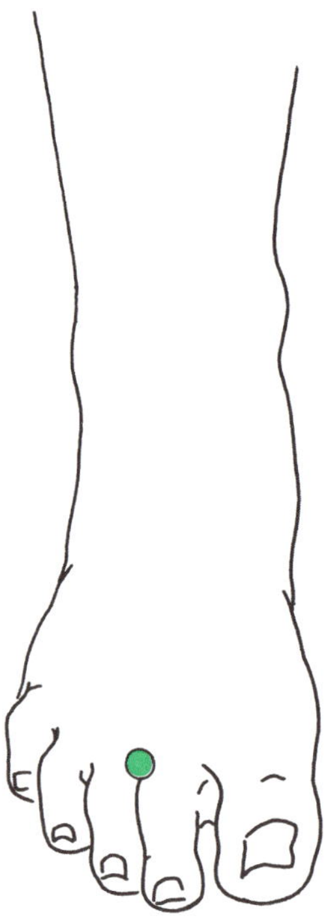

Magen 44

davon, deren Beschreibung Ihre Gefühle am eindeutigsten widerspiegeln. Folgende Punkte werden mit den Essenzen massiert:

- *Dickdarm 4:* in der Mitte des Mittelhandknochens des Zeigefingers auf der dem Daumen zugewandten Seite.
- *Magen 44:* zwischen den Mittelfußknochen der zweiten und dritten Zehe (gezählt wird von der großen Zehe ausgehend) in der Vertiefung direkt unterhalb der Zehengrundgelenke.

Lokaler Schmerz

Lokaler Schmerz kann behandelt werden, indem man die ausgewählte Blütenessenz kreisförmig um den Herd des Schmerzes herum aufträufelt. Dies sorgt dafür, dass sich angrenzendes Gewebe entspannt und die Schonhaltung aufgegeben werden kann, die das Einströmen von Heilenergie und weißen Blutkörperchen einschränkt. Geeignet sind: Löwenzahn, Kiefer, Schmalblättriges Weidenröschen, Doldiger Milchstern, Rosmarin, Quitte.

Kopfschmerzen

Neben der Behandlung des schon erwähnten Punktes Dickdarm 4 sowie der Emotionalzonen der Stirn eignen sich zwei weitere Punkte zum Einmassieren der Blütenessenzen, die genau in der Mitte jeder Augenbraue liegen.

Bei Spannungskopfschmerz empfiehlt sich die Herstellung einer Creme mit Löwenzahn und Kiefer. Diese wird im gesamten Halsbereich und Nacken aufgetragen. Löst sich die Anspannung in diesem Bereich, kann der Kopf und das Gehirn wieder ausreichend mit Sauerstoff versorgt werden, was die Schmerzen lindert.

Rückenschmerzen

Eine besondere Reflexzone bei Rückenschmerzen befindet sich in beiden Händen. Man findet sie, wenn man die entspannte Handfläche betrachtet und dann das Außenprofil des Daumens verfolgt, das an der Handwurzel unmittelbar in die Handgelenksfalte übergeht. Der gesamte Bereich dieser Linie, also von der seitlichen Daumenspitze zur Handwurzel hinunter und entlang der Beugefalte des Handgelenks bis zum Erbsenbein, steht mit dem Rücken in Beziehung, speziell mit der Wirbelsäule.

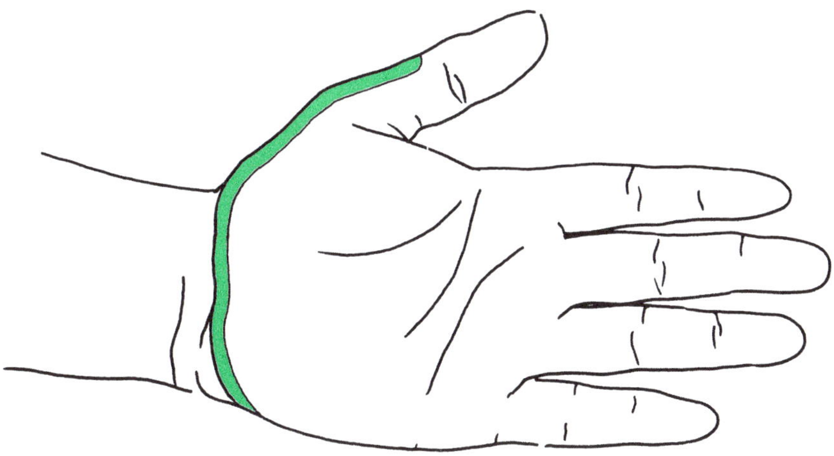

Rückenreflexzone

Die passende Rückenblüte ist die Sonnenblume. Ihre Energie entspricht der (»männlichen«) Yang-Energie des Gouverneursgefäßes – es verläuft vom Steißbein genau über der Wirbelsäule den Rücken hinauf und wird in der angegebenen Zone beider Hände gespiegelt. Daher ist diese Zone besonders geeignet zur Aufnahme von Sonnenblumenenergie bei Haltungsschwächen und Rückenschmerzen. Bei verspanntem Rücken kann auch Löwenzahnessenz verwendet werden, ansonsten kommen auch Rosmarin oder andere kräftigende Blüten in Frage.

Stillen

Stillprobleme lassen sich recht unmittelbar durch Blütenessenzen positiv beeinflussen, sofern man die geeigneten Akupunkturpunkte gewissermaßen als Eingangspforten für die Blütenenergie verwendet.

Allgemeiner Energiemangel/ Milcherbrechen des Säuglings
Bei beiden Problemen ist die gleiche Körperstelle angesprochen, nämlich der mittlere Bereich des Brustbeins, dem flachen Knochen, an dem die Rippen zusammenlaufen. Wenn man den gesamten Bereich mit einer Blütencreme einreibt, stimuliert man zusätzlich die körpereigene Abwehr. Bei Energiemangel nimmt man Apfelblütenessenz, evtl. auch Birne, bei Milcherbrechen Strahlenlose Kamille und/oder Birne.

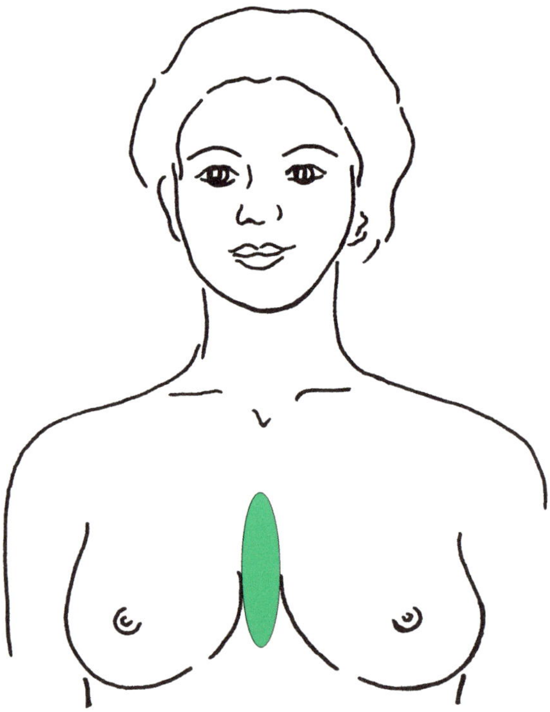

Mittlerer Bereich des Brustbeins

Entkräftung, Gleichgültigkeit
Wenn Sie das Stillen empfinden wie ein Ausgesaugtwerden, das Ihnen die letzte Kraft raubt, sind Blütenessenzen über dem Punkt 7 des Lungemeridians angebracht. Dieser Punkt befindet sich in einer kleinen Vertiefung der Speiche, also des Knochens, der sich im Unterarm dem Daumen anschließt. Wenn man Daumen und Zeigefinger beider Hände sich kreuzen lässt, zeigt die Zeigefingerspitze genau auf diesen Punkt. Verwendet werden

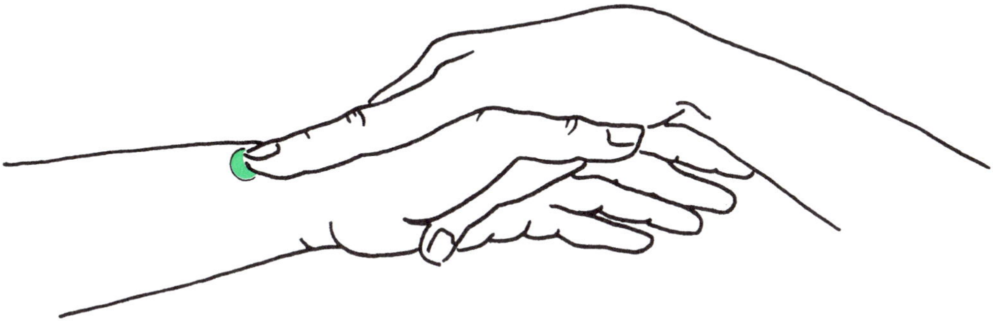

Lunge 7

Birne, Quitte, Weiße Schafgarbe, Strahlenlose Kamille, Bougainvillea, Apfel – je nach Ihrem persönlichen emotionalen Zustand.

Versiegen der Milch

Wenn die Milch ausbleibt, zumindest wenn dies aufgrund eines Gefühlszustandes geschieht, wird die Blütenessenz in den Punkt 1 des Dünndarmmeridians einmassiert. Dieser befindet sich im äußeren, also zur Körperaußenseite weisenden Nagelwinkel des kleinen Fingers. Folgende Blüten kommen in Frage: Birne, Kiefer, Rosmarin, Doldiger Milchstern, Quitte.

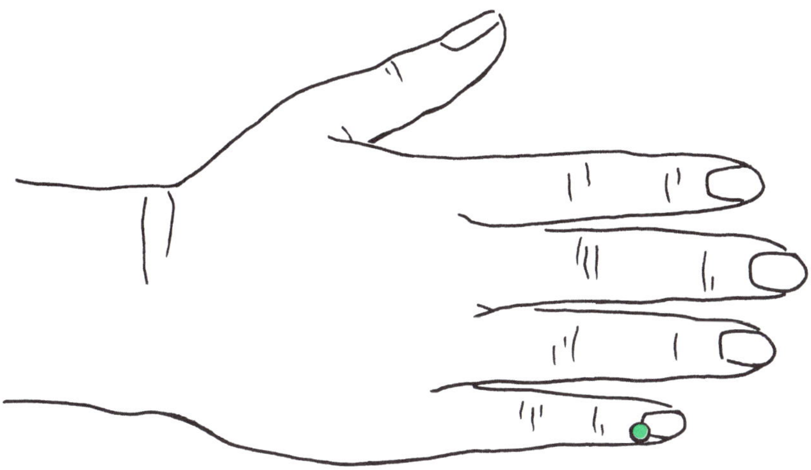

Dünndarm 1

7

Repertorium

Der Begriff Repertorium wurde aus der Homöopathie übernommen, gemeint ist damit ein Verzeichnis der Symptome, hier der besonderen Stimmungen und möglichen emotionalen Störungen während Schwangerschaft, Geburt und Wochenbett, die sich durch Blütenessenzen beeinflussen lassen, sowie einige der durch sie möglicherweise hervorgerufenen körperlichen Erscheinungen.

Das Repertorium dient dem leichteren Erkennen der Bedürfnisse der Frau bezüglich bestimmter Blütenessenzen und damit deren Auswahl. Benützt man das Repertorium als Hilfsmittel der Blütendiagnose, sollte unbedingt beachtet werden, dass jeweils nur die *aktuelle* Gefühlslage für die Auswahl relevant ist. Die Frage ist: Wie geht es Ihnen im Augenblick? Wenn Sie beispielsweise gelegentlich von Ängsten geplagt werden, Sie sich im Moment jedoch eher unsicher fühlen, ist die Unsicherheit das Kriterium der Blütenwahl. Das Blütenmittel, das Mut macht, kommt nur dann in Frage, wenn Sie tatsächlich gerade verängstigt sind. Es empfiehlt sich, generell nach dem »Leitsymptom« zu fragen, nach dem, was im eigenen Erleben gefühlsmäßig im Mittelpunkt steht, und erst anschließend nach begleitenden Erscheinungen (es mag sein, dass manche davon von der Leitblüte ebenfalls abgedeckt werden). In jedem Fall sollte das Porträt der Blüte nochmals durchgelesen werden, um zu überprüfen, ob diese tatsächlich die geeignete ist.

Generell gilt bei der Blütenwahl, dass weniger mehr ist. Kann man sich nicht zwischen allzu vielen entscheiden, muss der Versuch unternommen werden, eindeutige Prioritäten zu setzen, also nach der Leitblüte zu suchen. Es sollten niemals mehr als sechs verschiedene Blütenessenzen in eine Mischung gegeben werden, da ein Zuviel eher gegenteilige Wirkungen nach sich zieht.

Zu guter Letzt soll hier auch noch betont werden, dass die Intuition bei der Blütenauswahl eine wichtige Rolle spielen kann und soll. Wenn man intuitiv an eine bestimmte Blüte denkt, deren Auswahl aber nur schlecht begründen kann, bleibt immer noch die Möglichkeit, sich zu fragen, ob man ein gutes Gefühl dabei hat, wenn die Blüte noch beigemischt wird, oder nicht.

Abwehrkräfte siehe Immunsystem

Aggressivität
- - gegenüber Langsamkeit – Drüsentragendes Springkraut
- Hilft Frauen, eigene Bedürfnisse aggressiver durchzusetzen – Granatapfel
- Hilft, Aggressivität als Bestandteil der eigenen Persönlichkeit zu begreifen – Quitte
- Bei negativer Stimmung, Wut bis hin zu Gewaltneigung – Stechpalme

Alpträume
- - bei Kindern wie bei Erwachsenen – Johanniskraut

Angst
- - durchzudrehen – Birne
- Bei gesteigerter Angst, Panik – Blütenhilfe (als Akutmittel)
- Bei akuter Angst, Angst vor der Geburt – Doldiger Milchstern
- - vor Zukunft und Verantwortung – Echtes Springkraut
- - vor Dunkelheit – Johanniskraut
- - vor Unbekanntem – Johanniskraut
- - vor Entscheidung – Quitte
- - vor Konflikten, Fluchttendenz – Rosmarin
- -, jemandem etwas anzutun – Stechpalme

Annehmen
- Das Kind annehmen – Bougainvillea
- Sich selbst annehmen können – Kleine Braunelle
- Liebe annehmen können – Echtes Springkraut
- Die weiblichen Persönlichkeitsanteile annehmen – Granatapfel
- Scheinbar Gegensätzliches annehmen – Quitte

Atmung

- Um richtig durchatmen zu können – Apfel
- Bei Atembeschwerden, Einschnürungsgefühl am Hals – Borretsch
- Wenn alte Traumen einem den Atem rauben – Doldiger Milchstern
- Unterstützt das Neugeborene, um das Leben anzunehmen, zu atmen – Rosmarin

Beckenendlage

- Als Hilfe für das Baby, um sich aus der Beckenendlage zu drehen – Bougainvillea
- Für die Mutter, um Kontakt zum Kind zu bekommen und es zur Drehung motivieren zu können – Bougainvillea
- Zur Entspannung der Mutter; zum Loslassen; dem Kind Raum geben – Löwenzahn

Bedürfnisse

- Eigene Bedürfnisse erkennen und verwirklichen – Apfel
- - durchsetzen – Sonnenblume

Beweglichkeit siehe Körper

Bonding

- - zwischen Mutter und Kind – Birne
- - bereits während der Schwangerschaft fördern – Bougainvillea
- - zwischen Vater und Kind – Sonnenblume
- Hilft dem Baby beim Bonding – Echtes Springkraut
- - zwischen Geschwistern und dem neuen Baby – Stechpalme

Depression

- - durch Schwerfälligkeit – Apfel
- - durch Anpassungsschwierigkeiten – Birne
- - im Wochenbett und allgemein – Borretsch
- - nach schwerem Trauma – Doldiger Milchstern
- - durch Schuldgefühle, zum Beispiel bei unerwünschter Schwangerschaft – Kiefer
- - nach der Geburt, weil Perfektionismus einem zusetzt – Kiefer
- - durch innere Zwickmühle – Quitte

- - durch physische oder psychische Verletzung der Weiblichkeit – Schmalblättriges Weidenröschen

Durchhaltevermögen

- - bei der Genesung, bei der Rückbildung, in anstrengenden Phasen – Kleine Braunelle
- - durch Akzeptieren der Freiwilligkeit des Lebens und des Hier-zu-Hause-Seins – Rosmarin

Egozentriertheit

- Wenn man schlecht mit anderen zusammen wirken kann, weil diese langsamer sind – Drüsentragendes Springkraut
- Wenn man neidisch vergleicht – Stechpalme

Eifersucht

- - bei Geschwistern, um den anderen ihren Raum zuzugestehen – Stechpalme
- - bei jeglicher Form von Eifersucht, Neid oder Missgunst unter Erwachsenen – Stechpalme

Energie

- Verwandelt Müdigkeit in Lebensfreude – Apfel
- Bringt Energie, die zur Heilung notwendig ist – Kleine Braunelle
- Bei Blockaden durch Traumata – Doldiger Milchstern
- Setzt die in Selbstzweifeln gebundene Energie frei – Echtes Springkraut
- Setzt die in Schuldgefühlen gebundene Energie frei – Kiefer
- Lässt blockierte Energie wieder fließen – Löwenzahn

Entspannung

- - bei drohendem Kontrollverlust – Birne
- Gelassenheit durch inneren Abstand zu früheren Traumen – Doldiger Milchstern
- - bei innerem Gehetztsein, Stress, Ungeduld – Drüsentragendes Springkraut
- - bei Kontrollzwang, nicht loslassen können – Drüsentragendes Springkraut
- - während der Geburt durch Vertrauen in die natürlichen Abläufe, auch in die eigenen weiblichen Kräfte – Granatapfel
- Zulassen können, nicht immer stark sein müssen – Quitte

- Bei jeder Form von innerer Anspannung – Löwenzahn

Entscheidungsfähigkeit

- Bei durch Trägheit bedingte Unfähigkeit, sich zu entscheiden; hilft, Bedürfnisse zu erkennen und zu verwirklichen – Apfel
- Fördert das (Ur)Vertrauen, damit auch Vertrauen in die eigene Entscheidung – Echtes Springkraut
- - fördern durch Vertrauen in die weiblichen Anteile – Granatapfel
- Wenn Ängste eine Entscheidung verhindern – Johanniskraut
- Bei Polaritäten; vom Entweder-oder zum Sowohl-als-auch kommen können – Quitte
- Durch Vertrauen in einen Neubeginn – Schmalblättriges Weidenröschen
- - fördern durch Vertrauen in die eigenen männlichen Anteile – Sonnenblume

Erdung, guter Boden- bzw. Realitätskontakt

- Um mit beiden Beinen auf dem Boden zu stehen, sich zu verwurzeln – Löwenzahn
- Sich zu Hause fühlen auf der Erde; bei Heimatlosigkeit oder Entfremdung – Rosmarin
- Unterstützt das Kind anzukommen, bringt die Seele auf die Erde – Rosmarin

Fehlgeburt

- Bei drohender Fehlgeburt – Drüsentragendes Springkraut
- Bei vorzeitigen Wehen – Drüsentragendes Springkraut
- Frühgeburtsneigung bei unsicherer Beziehung und/oder sozialer Situation – Quitte

Geburt

- Während der Geburt, wenn das Gefühl des Durchdrehens entsteht – Birne
- Für die Übergangsphase – Birne
- Lösen des eigenen Geburtstraumas, auch vorangegangener Geburten – Doldiger Milchstern
- Wenn die Geburt zu schnell für die Frau oder das Kind vorangeht – Drüsentragendes Springkraut
- Wirkt harmonisierend in jeder Phase der Geburt – Granatapfel
- In der letzten Phase zum Loslassen – Löwenzahn

- Gibt Ausdauer bei langwierigen Geburten – Rosmarin

Geborgenheit
- - für das innere Kind – Bougainvillea
- - in sich selbst finden durch innere Sicherheit – Johanniskraut
- - finden durch Versöhnung und Nachsicht sich selbst gegenüber – Kiefer

Geduld
- - mit Menschen, die ein anderes Tempo haben als man selbst – Drüsentragendes Springkraut
- - gegenüber den eigenen Schwächen – Kiefer, Kleine Braunelle

Hassgefühle siehe Aggressivität

Heilung
- - in ausweglosen Situationen; Balsam für das Herz – Borretsch
- - traumatischer Erfahrungen – Doldiger Milchstern
- - durch Erkennen des eigenen Wertes – Echtes Springkraut
- - durch Loslassen-Können – Löwenzahn
- - der verletzten Weiblichkeit – Schmalblättriges Weidenröschen
- - von aggressiven Impulsen – Stechpalme

Hoffnung
- - in ausweglosen Situationen; bringt Erleichterung – Borretsch
- - bei Verlusten – Borretsch
- - durch Anregung der Selbstheilungskräfte – Kleine Braunelle

Hormonelle Umstellung
- Hilft zu Anfang der Schwangerschaft und auch nach der Geburt – Apfel
- Lindert Schwangerschaftserbrechen – Birne
- Fördert die Selbstannahme und -heilung – Kleine Braunelle
- Fördert Geduld im Umstellungsprozess – Drüsentragendes Springkraut
- Unterstützung und Harmonisierung in jeder Phase – Granatapfel
- Gibt Halt, bringt Sicherheit zurück – Strahlenlose Kamille

Identität

- Unterstützt Frauen wie Männer, ihre weiblichen Anteile zu akzeptieren – Granatapfel
- Bei Konflikten zwischen Kind und Beruf – Quitte
- Unterstützt Männer wie Frauen, ihre männliche Seite anzunehmen – Sonnenblume

Immunsystem

- Schafft Motivation zur Genesung – Apfel
- Hilft bei der Produktion von Abwehrstoffen in der Muttermilch – Bougainvillea
- Hilft dem Neugeborenen beim Aufbau des eigenen Immunsystems – Bougainvillea
- Stimuliert die Körperabwehr durch Selbstannahme – Kleine Braunelle
- Bei Infektanfälligkeit des Kindes – Kleine Braunelle

Inneres Gleichgewicht

- Bringt inneren Frieden bei Sorgen – Birne
- - durch Linderung eines Traumas – Doldiger Milchstern
- - durch Ruhe und Geduld – Drüsentragendes Springkraut
- - durch Annahme der eigenen Weiblichkeit – Granatapfel
- Gibt innere Sicherheit – Johanniskraut
- Fördert Selbstannahme und -heilung – Kiefer
- - durch Loslassen von Spannung, durch Erdung – Löwenzahn
- Löst Polaritäten auf – Quitte
- Unterstützt die Annahme männlicher Energie – Sonnenblume
- Fördert Sanftmut und Frieden – Stechpalme

Isolation

- - durch Trägheit – Apfel
- - bei dem Gefühl, alles allein machen zu müssen – Kleine Braunelle
- Wenn man sich durch eine ungeduldige Haltung selbst isoliert hat – Drüsentragendes Springkraut
- - durch Depression – Borretsch
- Hilft, Nähe zuzulassen – Echtes Springkraut
- Hilft, Isolation zu durchbrechen – Schmalblättriges Weidenröschen
- - durch aggressive Haltung – Stechpalme

Inneres Kind

- Kontakt zum eigenen inneren Kind aufnehmen, sich mit ihm aussöhnen – Bougainvillea
- Lernen, wieder wie ein Kind fühlen, denken, handeln zu können – Bougainvillea

Kind

- Unterstützt den Kontakt zum Kind in der Schwangerschaft – Bougainvillea
- Hilft der schwangeren Frau, die Botschaften des Kindes wahrzunehmen und zu verstehen – Bougainvillea
- Hilft zu Beginn der Schwangerschaft, das Kind anzunehmen – Kleine Braunelle
- Hilft dem Kind, sich selbst zu finden – Kleine Braunelle
- Für das Kind nach traumatischer Geburt – Doldiger Milchstern
- Zur Beruhigung des Kindes bei zu früher Geburt – Drüsentragendes Springkraut
- Lässt die Frau das Neugeborene annehmen – Echtes Springkraut
- Wenn aufgrund eines möglichen Widerstandes der Frau das Kind nicht kommen will; bei Geburtsverzögerung – Rosmarin
- Bei Atem- und Kreislaufproblemen des Kindes nach der Geburt – Rosmarin
- Unterstützt Kinder, die Möglichkeiten ihres Körpers anzunehmen; gibt innere Sicherheit und festen Stand; fördert die Orientierung im Raum – Strahlenlose Kamille
- Besänftigt und tröstet verängstigte Kinderseelen – Strahlenlose Kamille

Kindheit

- Zur Heilung eigener traumatischer Kindheit – Doldiger Milchstern

Körper

- Veränderungen des Körpers annehmen – Apfel
- Sich im eigenen Körper wohl fühlen können, Bewegung genießen – Apfel
- Beim Gefühl von Unbeholfenheit im eigenen Körper – Bougainvillea
- Beim Gefühl, unattraktiv zu sein – Bougainvillea
- Bei Ablehnung des eigenen Körpers – Kleine Braunelle
- Erhöht die Selbstreinigungskraft des Körpers – Kleine Braunelle
- Beim Gefühl, vom Körper beherrscht, Sklave der eigenen Physiologie zu sein – Granatapfel
- Löst körperliche Verspannungen – Löwenzahn

- Wenn die Schwangere sich in ihrer Aktivität eingeschränkt fühlt, schwerfällig und unbeholfen ist – Rosmarin
- Bei körperlicher Erschöpfung, dem Gefühl, nicht mehr weiterzukönnen – Rosmarin
- Den eigenen Körper kennen lernen – Strahlenlose Kamille

Kontakt zum Kind siehe Kind

Kontraktionen
- Wenn Kontraktionen durch Stress negativ beeinflusst werden – Birne
- Wenn sie zu schnell folgen – Drüsentragendes Springkraut
- Bei zu schwachen Kontraktionen, sich lange hinziehenden Geburten – Granatapfel
- Bei spastischen Wehen – Granatapfel
- Zum Loslassen bei Schmerzen – Löwenzahn

Kontrollzwang
- Wenn jemand alles im Griff haben will – Drüsentragendes Springkraut
- Bei Perfektionismus, Unzufriedenheit mit sich selbst – Kiefer
- Zum Entspannen, Loslassen – Löwenzahn
- Die eigenen starken und schwachen Seiten würdigen – Quitte
- Bei Neid und Eifersucht – Stechpalme

Krisen
- Beruhigung bei Geburtskrisen – Birne
- Bei aufkommender Panik bei der Geburt – Granatapfel
- Bei Schock durch ungünstige Diagnose – Doldiger Milchstern
- Sich in Krisen Hilfe holen können – Quitte

Kummer
- Bringt Ruhe bei Aufgewühltsein; mütterliche, tröstende Essenz – Birne
- Bringt Hoffnung in scheinbar ausweglosen Situationen – Borretsch
- Hilft, sich mit seinen Sorgen weniger ernst zu nehmen; bringt Leichtigkeit – Bougainvillea
- Bei unerklärlichem Kummer – Johanniskraut
- - durch Schuldgefühle – Kiefer

Leichtigkeit
- Bei Trägheit; steigert körperliche und mentale Energie – Apfel
- Ermöglicht es, sich wieder wie ein Kind fühlen zu können – Bougainvillea

Liebe
- Liebe geben können – Apfel
- Sich selbst lieben können – Kleine Braunelle
- Liebe annehmen können – Echtes Springkraut

Loslassen
- - von traumatischen Erfahrungen – Doldiger Milchstern
- - von Schuldgefühlen – Kiefer
- - von Muskelverspannungen – Löwenzahn

Männlichkeit
- Fördert Selbstannahme und Selbstheilung – Kleine Braunelle
- Ausgleich von Yin und Yang – Quitte
- Männliche Energie entwickeln und ausleben – Sonnenblume

Massage
- Belebend – Apfel
- - schmerzender Körperpartien – Kleine Braunelle
- - von unterem Rücken und Unterleib bei Schmerzen – Granatapfel
- Hilft, in Muskulatur festgehaltene Traumata zu lösen – Doldiger Milchstern
- Bei allgemeiner Anspannung – Löwenzahn
- Löst Verspannungen in Nacken und Kopf; wenn man immer mit dem Kopf durch die Wand will – Drüsentragendes Springkraut

Motivation
- Bei Lustlosigkeit, Desinteresse; bei Langeweile ohne Motivation, überhaupt etwas zu tun – Apfel
- - gesund zu werden – Kleine Braunelle
- - weiterzuleben – Doldiger Milchstern
- - durch Neugierde auf den neuen Menschen – Echtes Springkraut
- - überhaupt etwas zu unternehmen, da man sich in einer Zwickmühle wähnt – Quitte

- - zu Auseinandersetzung und zu Nähe – Rosmarin

Müdigkeit, Erschöpfung
- Vermittelt Leichtigkeit, Lebendigkeit und Ganzheit – Apfel
- Wenn Anspannung der Grund ist – Löwenzahn
- Gibt Energie, sich durchzusetzen – Sonnenblume
- Um sich vor Stress schützen zu können – Weiße Schafgarbe

Mut
- - zum Leben – Borretsch
- -, weibliche Anteile zuzulassen – Granatapfel
- -, männliche Anteile zuzulassen – Sonnenblume
- -, sich schwierigen Situationen zu stellen – Rosmarin

Mutter
- Bei Mutter-Tochter-Konflikt – Birne
- Bei Mutter-Sohn-Konflikt – Rosmarin
- Schuldgefühle gegenüber der Mutter – Kiefer
- Um die guten Ratschläge der Mutter (auch Einmischung) besser von sich fern halten zu können – Weiße Schafgarbe

Mutterschaft
- Hilft, die Mutterrolle zu akzeptieren – Birne
- Unterstützt die Identitätsfindung schwangerer berufstätiger Frauen – Quitte

Optimismus
- Hilft, ganz zu werden; vermittelt Freude am Leben – Apfel
- Bringt inneren Frieden bei Sorgen – Birne
- Bringt Hoffnung in aussichtslosen Situationen – Borretsch
- Fördert Heiterkeit – Bougainvillea
- - durch innere Sicherheit – Johanniskraut

Pessimismus siehe (Ur)Vertrauen

Polarität
- Bei allen Konflikten zwischen zwei Polen – Quitte

Rache siehe Aggressivität

Rückbildung
- Um körperlich wieder schneller ins Lot zu kommen – Apfel
- Zur Stärkung und Steigerung der Körperabwehr – Kleine Braunelle
- Allgemeine Unterstützung, das Weibliche anzunehmen – Granatapfel
- Für die Perfekten, die gleich wieder in die engen Jeans passen, alles geregelt kriegen wollen und sich Druck machen – Kiefer

Sanftmut
- Macht geduldiger gegenüber anderem Tempo – Drüsentragendes Springkraut
- Fördert Nachsicht mit sich selbst, macht weicher – Kiefer
- Zur Transformation aller negativ aufgeladenen Gefühle – Stechpalme

Selbsterkenntnis
- Was fehlt mir, um ganz zu werden? – Apfel
- Was muss ich ändern, um zu gesunden? – Kleine Braunelle
- Bin ich wirklich gar nichts wert? – Echtes Springkraut

Selbstheilung
- Fördert die Selbstheilungskräfte – Kleine Braunelle

Sexualität
- Schafft Lust an körperlicher Erfahrung; gegen Erschöpfung – Apfel
- Wenn Sorgen das Interesse an Sexualität nehmen – Birne
- Wenn sich die Frau in ihrem veränderten Körper hilflos fühlt – Bougainvillea
- Heilung von Traumata, die die Sexualität blockieren – Doldiger Milchstern
- Wenn Mann oder Frau sich durch Ungeduld blockieren – Drüsentragendes Springkraut
- Um überhaupt Nähe zulassen zu können – Echtes Springkraut
- Bei Ablehnung von Sexualität: Ursachen erkennen und akzeptieren, zu sich selbst finden – Granatapfel
- Beim Gefühl, nicht zu genügen – Kiefer
- Wenn Muskelanspannung das Genießen von Sexualität behindern – Löwenzahn
- Wenn Sexualität einen in eine Zwickmühle bringt – Quitte
- Heilung von verletzter Weiblichkeit – Schmalblättriges Weidenröschen

- Bringt männliche Energie – Sonnenblume
- Falls Hass-, Neid- und Eifersuchtsgefühle die Sexualität überschatten – Stechpalme

Schlafstörungen
- - durch Alpträume – Johanniskraut
- - durch Sorgen und Befürchtungen – Birne

Schmerz
- - aufgrund von Verspannungen und Haltungsfehlern – Löwenzahn
- Den Schmerz vergangener Erlebnisse loslassen – Doldiger Milchstern
- - aufgrund mangelnder Durchblutung – Rosmarin

Schock
- In Akutfällen – Doldiger Milchstern, Blütenhilfe

Schönheit
- Um die Schönheit und das Wunder des Lebens wahrnehmen zu können – Bougainvillea
- Die Schönheit des eigenen Wesens entdecken – Echtes Springkraut

Schuldgefühle, schlechtes Gewissen – Kiefer

Schutz
- - vor äußeren Einflüssen, zum Beispiel medizinische Apparaturen, die beängstigen können – Weiße Schafgarbe

Schwangerschaftserbrechen
- Bei Sorgen um das Wohlergehen des Kindes – Birne
- Zur Beruhigung; um ins Gleichgewicht zu kommen – Birne
- Zur Entspannung – Löwenzahn

Sorgen
- - um die Gesundheit des Kindes – Birne
- Bringt Heiterkeit bei übergroßer Besorgtheit – Bougainvillea

- Bei Ängstlichkeit aufgrund früherer negativer Erfahrungen – Doldiger Milchstern

Stillen
- Die Veränderung der Brüste annehmen; Freude am körperlichen Vorgang des Stillens – Apfel
- Hilft, die sexuelle Bedeutung des Stillens zu akzeptieren – Granatapfel
- Unterstützt das Stillen durch Loslassen-Können – Löwenzahn
- Unterstützt die eindeutige Entscheidung für das Stillen – Quitte
- Bringt eifersüchtigen Geschwistern und Partnern Einsicht in die Einheit stillende Frau-Kind – Stechpalme
- Wenn der Säugling die Brust ablehnt – Strahlenlose Kamille
- Unterstützt durch Abschirmung von schädlichen Außeneinwirkungen – Weiße Schafgarbe

Trauer
- - verarbeiten, Hoffnung schöpfen – Borretsch
- - bei Fehl- und Totgeburten – Borretsch
- Als Trost bei anderen Verlusten – Borretsch
- Bei Verdrängung und Vermeidung von Trauer – Borretsch
- Als Akutmittel – Doldiger Milchstern

Trauma siehe Schock

Trost siehe Trauer

Unentschlossenheit siehe Entscheidungsfähigkeit

Unfruchtbarkeit
- - durch Ungeduld und Fixiertheit, Unbedingt-Wollen – Drüsentragendes Springkraut
- - durch unbewusste Ablehnung der weiblichen Identität – Granatapfel
- - durch innere Verkrampfung – Löwenzahn
- - durch innere Zerrissenheit – Quitte

(Ur)Vertrauen
- Bei allzu vielen Sorgen – Birne
- Wenn ein wenig mehr Leichtigkeit und kindliche Unschuld gebraucht wird; sich weniger ernst nehmen – Bougainvillea
- - in die eigenen Selbstheilungskräfte – Kleine Braunelle
- - in die Zukunft – Echtes Springkraut
- - zu sich selbst, in den eigenen Wert – Echtes Springkraut

Vater
- Bei Konflikten mit dem Vater oder mit Autoritäten – Sonnenblume
- Erleichtert dem Vater die Kontaktaufnahme zum Kind – Sonnenblume
- Unterstützt die Annahme der Vaterrolle – Sonnenblume

Verlust
- - eines nahestehenden Menschen, aber auch andere schwere Verluste – Borretsch
- - von Instinkt; Intuition und Vertrauen in sich selbst – Johanniskraut
- Als Akutmittel – Doldiger Milchstern

Wehen siehe Kontraktionen

Weiblichkeit
- Fördert die Selbstannahme – Kleine Braunelle
- Das Weibliche annehmen – Granatapfel
- Bringt Yin und Yang ins Gleichgewicht – Quitte
- Heilt Verletzungen der Weiblichkeit – Schmalblättriges Weidenröschen
- Fördert das Zuhausesein im eigenen Körper – Strahlenlose Kamille

Wut siehe Aggressivität

Zahnen
- Unterstützt das Loslassen; entspannt – Löwenzahn
- Erleichtert den Prozess der Neuorientierung – Strahlenlose Kamille
- Unterstützt das Durchhalten in Zeiten der Veränderung; schützt – Weiße Schafgarbe

Zukunftsangst

- Bei ständiger Sorge – Birne
- Wenn jemand zu Depressionen neigt – Borretsch
- Vermittelt Urvertrauen – Echtes Springkraut
- Gibt innere Sicherheit – Johanniskraut
- Falls angstbedingte Spannung sich in der Muskulatur festsetzt – Löwenzahn
- - durch Eifersucht – Stechpalme
- Hilft, trotz körperlicher Veränderungen im Gleichgewicht zu bleiben – Strahlenlose Kamille
- Schirmt gegen schädliche Einflüsse ab – Weiße Schafgarbe

Zuversicht

- - bei der Genesung, bei der Rückbildung, in anstrengenden Phasen – Kleine Braunelle
- - durch Akzeptieren der Freiwilligkeit des Lebens und des Hier-zu-Hause-Seins – Rosmarin

Anhang

Übersicht über die Blütenqualitäten in Stichworten

Blüte	Qualität
Apfel	Leichtigkeit, Beweglichkeit, Ganzheit, Schönheit
Birne	Innerer Frieden, Mutterschaft
Borretsch	Hoffnung, Mut zum Leben, Trauer verarbeiten
Bougainvillea	Kontakt zum Kind
Doldiger Milchstern	Schmerz loslassen
Drüsentragendes Springkraut	Geduld
Echtes Springkraut	Urvertrauen
Granatapfel	Das Weibliche annehmen
Johanniskraut	Innere Sicherheit
Kiefer	Nachsichtigkeit sich selbst gegenüber
Kleine Braunelle	Selbstannahme, Selbstheilung
Löwenzahn	Entspannung, Loslassen
Quitte	Ausgeglichenheit, Entscheidungsfreude, Zielstrebigkeit, Ausdauer
Rosmarin	Standhalten, männliche Energie
Schmalblättriges Weidenröschen	Das Unbewusste heilen, die verletzte Weiblichkeit heilen
Sonnenblume	Männliche Energie

Blüte	Qualität
Stechpalme	Frieden, Liebe, Ausgeglichenheit, Sanftmut
Strahlenlose Kamille	Selbstbestimmung, im Körper zu Hause sein
Weiße Schafgarbe	Sich schützen können
Blütenhilfe	In allen körperlichen, seelischen und emotionalen Notfällen

Übersicht über die Blütenindikationen – Kurzbeschreibungen

Blüte	Indikation
Apfel	Für müde, träge und schwerfällige Menschen; steigert Motivation und sowohl körperliche als auch mentale Energie
Birne	Bringt inneren Frieden in Situationen, in denen man befürchtet, die Kontrolle zu verlieren; lässt in sich ruhen; tröstende, mütterliche Essenz; Sorgenblüte
Borretsch	Bringt Mut und Zuversicht in Lebenssituationen, in denen man zu Depressionen neigt, sich kraftlos fühlt, keinen Ausweg mehr sieht; bringt Erleichterung bei Kummer und im Herzen wahrgenommenem Schmerz
Bougainvillea	Das innere Kind spüren, sich mit ihm aussöhnen, es annehmen können; gibt Sicherheit, Geborgenheit, Vertrauen; lernen, wieder denken und fühlen zu können wie ein Kind
Doldiger Milchstern	Bei Schreck, Schock und Trauma Linderung der Folgen; hilft zu Ganzheit durch Integration aller Persönlichkeitsanteile und Erfahrungen
Drüsentragendes Springkraut	Bringt innere Ruhe, wenn man sich leicht getrieben und gehetzt fühlt, wenn man vor Ungeduld leicht aufbraust
Echtes Springkraut	Den eigenen Wert erkennen, Lob aushalten und annehmen können; Misstrauen ablegen und Vertrauen lernen; Nähe zulassen können; Selbstwertgefühl stärken
Granatapfel	Hilft, die weibliche Seite der Persönlichkeit zu akzeptieren und auszuleben; hilft bei Identitätskrisen sowohl Frauen als auch Männern
Johanniskraut	Bei nagender Ungewissheit, Zukunftsängsten, Unsicherheit, Schüchternheit, Angst vor dem Unbekannten, Irritierbarkeit, mangelnder Selbstsicherheit
Kiefer	Für Menschen, die sich selbst zu Perfektion antreiben und mit Schuldgefühlen und schlechtem Gewissen reagieren, wenn sie diese nicht erreichen; hilft bei der Versöhnung mit sich selbst

Blüte	Indikation
Kleine Braunelle	Lässt einen sich selbst akzeptieren, trotz oder gerade wegen der kleinen Schwächen und Fehler; hilft dadurch, die Selbstheilungskräfte anzuregen
Löwenzahn	Hilft, in Muskulatur festgehaltene Spannung loszulassen; die inneren Impulse kennen und verstehen lernen, damit umgehen können, statt sie festzuhalten
Quitte	Polaritäten ausgleichen, die eigenen starken wie schwachen Seiten erkennen, würdigen und ausleben; nicht länger in Polaritäten denken, die sich ausschließen, sondern deren Zusammengehörigkeit erkennen
Rosmarin	Das Konfliktmittel; wenn man zu stark verinnerlicht hat, dass man schwach und kampfunfähig ist und daher immer eine Tendenz zur Flucht aufweist, auch wenn es sich im Nachhinein als unnötig herausstellt
Schmalblättriges Weidenröschen	Die Verletzung der Seele heilen; Vertrauen in die eigene positive Entwicklung gewinnen; sich trauen, Neues zu beginnen; Isolation durchbrechen, Selbstwertgefühl stärken
Sonnenblume	Männliche Energie entwickeln und ausleben, sich durchsetzen, Rückgrat beweisen, für sich selbst einstehen; bei Identitätskonflikten von Männern und Frauen
Stechpalme	Beruhigt überschießende emotionale Reaktionen wie Eifersucht, Ärger, Wut, Zorn ebenso wie entzündliche Reaktionen auf der körperlichen Ebene
Strahlenlose Kamille	Gibt Ruhe, Sicherheit, Orientierung; bringt Gelassenheit und Trost in scheinbar aussichtslose Lagen; die eigenen Grenzen und Möglichkeiten erkennen, den eigenen Körper kennen lernen
Weiße Schafgarbe	Schutz und Sicherheit trotz widriger Umstände; sich gegen Stress abschirmen; durchhalten in Zeiten der Veränderung
Blütenhilfe	In allen körperlichen, seelischen, emotionalen Notfällen

Kurzübersicht der Anwendungsformen

❀ **Wasserglasmethode**
Je zwei Tropfen der ausgewählten Blütenessenzen in einem Glas Wasser schluckweise nach Bedarf über den Tag verteilt trinken.

❀ **Einnahmeflasche**
Je zwei Tropfen der ausgewählten Blütenessenzen in ein 30-ml-Fläschchen mit Pipetteneinsatz geben, auffüllen zu mit 3/4 mit Wasser und zu 1/4 mit Cognac oder anderem hochprozentigen Alkohol. Einnahme vier mal täglich vier Tropfen.

❀ **Blütenhilfe (Notfalltropfen)**
Per Wasserglasmethode einnehmen oder auf Stirn und Nacken einreiben oder tropfenweise nach Bedarf aus der Stock Bottle unter die Zunge geben.

❀ **Bäder**
Je zwei Tropfen der ausgewählten Blütenessenzen ins Bad geben.

❀ **Massage**
Entweder mit Blütenöl arbeiten oder je zwei Tropfen der ausgewählten Blütenessenzen mit der erforderlichen Menge Öl (nach eigener Wahl) vermischen und einmassieren.

❀ **Akupunktmassage**
Blütenessenz aus der Stock Bottle direkt in den Akupunkt einmassieren. Möglich ist auch, erst einen Tupfer damit anzufeuchten und mit diesem zu massieren. Grundsätzlich wird auf beiden Körperseiten gearbeitet (außer an Konzeptions- und Gouverneursgefäß, die auf der Körpermittellinie verlaufen), der jeweilige Punkt wird je drei bis fünf Minuten lang mit der Blütenessenz massiert.

Adressen

Ausbildungs- und Selbsterfahrungskurse:

Dirk Albrodt
Wittener Str. 80 a
D-42279 Wuppertal
Tel.:0202/64 97 09
Fax: 0202/66 31 20

Bezugsquelle Blütenessenzen (direkt oder über Apotheken):

Milagra GmbH
Postfach 14 11
D-79705 Bad Säckingen

Milagra GmbH
Baumgartenstr. 43
CH-2540 Grenchen

Gebührenfreie Bestelltelefonnummer für D: 0130/81 41 39
Gebührenfreie Bestelltelefonnummer für A: 0660/81 95
Gebührenfreie Bestelltelefonnummer für CH: 0800/55 75 00
Internationale gebührenfreie Bestelltelefonnummer: 00800/37 73 62 37
Bestellfaxnummer: 0034/56 68 72 93

Bezugsquelle Babycreme:

St. Berthold Apotheke
St.-Berthold-Allee 23
A-4451 Garsten
Tel.: 0043/7252/531 31
Fax: 0043/7252/53 13 16

Literatur

Achterberg, Jeanne, *Die Frau als Heilerin. Die schöpferische Rolle der heilkundigen Frau in Geschichte und Gegenwart*, München 1994

Albrecht-Engel, Ines (Hrsg.), *Geburtsvorbereitung. Handbuch für werdende Mütter und Väter*, Reinbek 1993

Albrodt, Dirk, *Gesund durch Blütenessenzen. Handbuch kalifornischer Blütenbehandlung*, München [2]1998

Albrodt, Dirk, *Illustrierte Enzyklopädie der Blütenessenzen*, Bielefeld 1997

Albrodt, Dirk, *Illustrierte Enzyklopädie der einheimischen Blütenessenzen*, Bielefeld 1998

Andrews, Lynn, *Die Medizinfrau. Der Einweihungsweg einer weisen Schamanin*, Reinbek 1986

Attenborough, David, *Das geheime Leben der Pflanzen. Wie Pflanzen sich orientieren, verständigen, fortbewegen, ums Überleben kämpfen. Eine neue Sicht der Pflanzenwelt*, München 1995

Bach, Edward, *Blumen, die durch die Seele heilen. Die wahre Ursache von Krankheit. Diagnose und Therapie*, München [16]1995

Barnard, Julian, *Blüten für die Seele. Das Bachblüten-Brevier für die ersten Schritte*, Wessobrunn 1989

Barnard, Julian und Martine, *Das Bach-Blüten-Wunder*, München 1989

Barnao, Va'sudeva und Ka'da'mbii, *Healing Handbuch*, Stüsslingen (Schweiz) 1993

Blome, Götz, *Mit Blumen heilen. Die Blütentherapie nach Dr. Bach*, Freiburg [8]1996

Body Shop Team, The, *Mamatoto: Geheimnis Geburt*, Köln 1992

Chancellor, Philip M., *Das große Handbuch der Bachblüten*, Rastatt 1996

Charlish, Anne, *Gesund und entspannt in der Schwangerschaft. Sanfte Heilmethoden*, München 1996

Chase, Pamela Louise/Pawlik, Jonathan, *Trees for Healing*, North Hollywood (USA) 1991

Cunningham, Donna, *Flower Remedies Handbook*, New York (USA) 1992

Devi, Lila, *Das Handbuch der Blütenessenz-Heilung. Anwendung und Präparation der neuen Blütenessenzen*, München 1998

Diamond, John, *Die heilende Kraft der Emotionen*, Freiburg [9]1995

Diamond, John, *Der Körper lügt nicht*, Freiburg [12]1995

Diamond, John, *Re-mothering. Das Wiedererleben der Mutterliebe*, Freiburg 1991

Eckert, Achim, *Das heilende Tao. Gesund im Gleichgewicht der fünf Elemente. Ein Übungsbuch*, Freiburg [6]1996

Ekl, Peter, *Blütentherapie und Naturerfahrung. Leitfaden zum Herstellen und Anwenden von bekannten und neuen Blütenessenzen für die Eigentherapie*, Bielefeld 1997

Fester, Richard/König, Marie/Jonas, Doris/Jonas, David, *Weib und Macht. Fünf Millionen Jahre. Urgeschichte der Frau*, Frankfurt [10]1995

Fischer-Rizzi, Susanne, *Blätter von Bäumen. Legenden, Mythen, Heilanwendung und Betrachtung von einheimischen Bäumen*, München [8]1996

Fischer-Rizzi, Susanne, *Himmlische Düfte. Aromatherapie. Anwendung wohlriechender Pflanzenessenzen und ihre Wirkung auf Körper und Seele*, München [11]1995

Frankenberger, Anette, *Blütenessenzen für Frauen*, München 1995

Frankenberger, Anette, *Blütenessenzen für Schwangerschaft und Geburt*, München 1995

Frankenberger, Anette, *Die kalifornischen Blütenessenzen. Energien zur Entfaltung der Persönlichkeit*, München 1993

Geisel, Elisabeth, *Tränen nach der Geburt. Wie depressive Stimmungen bewältigt werden können*, München 1997

Grabrucker, Marianne, *Vom Abenteuer der Geburt. Die letzten Landhebammen erzählen*, Frankfurt [7]1996

Harner, Michael, *Der Weg des Schamanen. Ein praktischer Führer zu innerer Heilkraft*, Reinbek 1996

Helm, Beate, *Die Heilkräfte der Kalifornischen Blütenessenzen*, München 1995

Hensel, Wolfgang, *Pflanzen in Aktion, Krümmen, Klappen, Schleudern*, Heidelberg 1993

Jobes, Gertrude, *Dictionary of Mythology, Folklore and Symbols*, New York (USA) 1962

Johnson, Steve, *Alaska Blütenessenzen. Alaska Edelsteinelixiere und Umweltessenzen*, Schaffhausen (Schweiz) 1996

Kaminsky, Patricia/Katz, Richard, *Handbuch der kalifornischen und englischen Blütenessenzen*, Aarau (Schweiz) 1996

Khalsa, Shabd-Sangeet, *Sister Moon Flower Essence Oils*, San Mateo (USA) 1992

La Tourelle, Maggie/Courtenay, Anthea, *Was ist Angewandte Kinesiologie?* Freiburg [4]1996

Lebarbier, André, *Schule der Akupunktur*, Uelzen 1978

Leboyer, Frédérick, *Geburt ohne Gewalt*, München [9]1998

Lothrop, Hannah, *Gute Hoffnung – jähes Ende. Fehlgeburt, Totgeburt und Verluste in der frühen Lebenszeit. Begleitung und neue Hoffnung für Eltern*, München [6]1998

Lothrop, Hannah, *Das Stillbuch*, München [23]1998

Medeiros, Penny, *Aloha. Hawaiische Tropenblütenessenzen*, Chieming 1997

Odum, Donald G./Wingo, E. Otha, *Energy and Us*, Cape Girardeau (USA) 1993

Peterson, Gayle, *9 Monate ... und viele Fragen. Wie ich mich emotional auf die Geburt vorbereite*, München 1995

Pettitt, Sabina, *Energy Medicine*, Victoria (Kanada) 1993

Preuschoff, Gisela, *Die heilende Kraft der Bäume, Mythologie, Geschichte und Heilwirkung*, München 1994

Przyklenk, Andrea, *Liebe und Sex junger Eltern. Ein Ratgeber für die Schwangerschaft und die Zeit danach*, München 1996

Rühle, Gudrun, *Psychologische Betreuung von Frauen während Schwangerschaft, Geburt und Wochenbett*, Diplomarbeit, Tübingen 1994

Schuler, Wolfgang C., *Akupunktur in Geburtshilfe und Frauenheilkunde*, Stuttgart 1993

Stadelmann, Ingeborg, *Die Hebammensprechstunde*, Ermengerst 1994

Stokes, Gordon/Whiteside, Daniel, *Tools of the Trade*, Freiburg [6]1997

Strassmann, Rene, *Duftheilkunde*, Aarau (Schweiz) 1991

Strassmann, Rene, *Baumheilkunde. Begegnungen und Erfahrungen mit den Heilkräften der Bäume*, Aarau (Schweiz) 1993

Thie, John, *Gesund durch Berühren. Touch for Health*, München 1995

Tompkins, Peter/Bird, Christopher, *Das geheime Leben der Pflanzen. Pflanzen als Lebewesen mit Charakter und Seele und ihre Reaktionen in den physischen und emotionalen Beziehungen zum Menschen*, Frankfurt [19]1995

Valnet, Jean, *Aromatherapie für Mutter und Kind*, München 1996

Verny, Thomas/Kelly, John, *Das Seelenleben des Ungeborenen*, Hamburg [19]1992

Weeks, Nora, *Edward Bach. Der Entdecker der Blütentherapie. Sein Leben, seine Erkenntnisse*, München 1988

Weisglas, Michael S., *Personal Growth and Conscious Evolution Trough Bach Flower Essences*, a Dissertation, San Francisco (USA) 1979

White, Ian, *Die australischen Busch-Blütenessenzen*, Chieming [2]1996

Wood, Matthew, *Seven Herbs – Plants as Teachers*, Berkeley (USA) 1986

Zimmerer, E.M., *Kräutersegen. Die Bedeutung unserer vorzüglichsten heimischen Heilkräuter in Sitte, Sage, Geschichte und Volksglauben und ihre praktische Verwendung als Hausmittel*, Donauwörth [5]1983

Dank

Wahrscheinlich guckt wieder keiner, dennoch ist es uns ein Herzensbedürfnis, danke zu sagen.

Allen Pflanzen und Wesen der Natur – was wären wir ohne euch!

Allen Frauen und Müttern, die bereit waren, sich auf Blütenessenzen einzulassen.

Allen Hebammen, die uns geholfen und unterstützt haben,
ohne die nichts möglich gewesen wäre.

Einige sollen namentlich erwähnt werden, ihr nämlich, deren Engagement besonders ermutigt und geholfen hat und die zu kennen uns ein besonderes Vergnügen ist: Martina Ehlert, Kathrin Germer, Erika Goyert-Johann, Janet und Walter Hugelshofer, Claudia Knie, Monika Koch, Christine Landgraf, Volkmar Niemeyer, Erika Pichler, Anne Thüning, Volker Tietze, Andrea Weishaupt-Schindler, Gabriele Westhoff, Richarda Wettlaufer, Horst Wittkowsky-Braune, Gisela Wölke.